做自己最好的陪伴

找回安全感，讓你內在小孩
不害怕、不寂寞的療癒五堂課

吳姵瑩——著

自序

大多數的我們都生來孤單，而在這世上卻要學著合群，也要學會獨立。我們自出生的那一刻與母體分離後，就需要感覺身心上的安全，也需要父母照顧得夠好，讓我們存活下來。但即使身體與物質層面有保障，也不一定可以給予我們心靈上的安頓。我們越是成長越發現，以為長大後可以做很多事情會有安全感，以為有錢後會有安全感，以為找到另一半會有安全感，總以為「擁有」什麼就會滿足，卻發現「擁有」之後，我們可能開始害怕失去；或者擁有一段時間後，慾望的標準提高，而渴望擁有更多，落入了心靈匱乏與不安的狀態。

當我們沒有伴侶時會說：「如果我現在有另一半就好了。」

當我們有了另一半時會說：「如果另一半能再努力一點賺錢就好了。」

當另一半開始努力賺錢時會說：「如果他再多花點時間陪我就好了。」

當另一半開始陪著自己時會說：「如果他再更溫柔體貼一點就好了。」

在一陣陣的不安中，我們渴望他人給我們十足的安全感，無論是經濟上的安穩或者情感支持，渴望他們能夠符合我們的預期。而當對方真正達到預期後，心裡卻還是有說不出的空洞，彷彿覺得「如果對方夠愛我，就應該主動看見我的需求」，或者「他真的愛我、在乎我嗎？如果是的話，他應該要對我……」

可會不會我們要的那種無微不至、完美無瑕的關係根本不存在？不管是親情、友情或愛情，我們很難找到「完美」的人陪伴我們，無時無刻、隨時隨地出現在我們左右。我們也總是將這層「陪伴」與「讓我安心」的需求向外投放，不斷尋找一個適當的人，卻因為他人的「不夠好」，我們內在感覺受傷、失落，甚至憤怒，開始對他人失望、對世界失望，甚而對自己失望。不由得相信，也許自己就是那個不值得被愛、被珍惜的人，否則怎麼會一個人都找不到。

其實，我們都沒有被教會，自己才是一直陪著自己的人，可是這個概念抽象，亦為非實體的存在，讓人感覺荒謬又困惑。而多數原因是我們沒有機會好好感受自己——當感受到慌亂，就趕緊滑手機找人聊天；也沒有機會好好安撫自己，因為我們期待別人安撫，不知道自己可以安撫自己，認為自己只有一個人，要怎麼安撫自己？

這本《做自己最好的陪伴》最重要的在於安全感的探索與鞏固。當我們跟自己在一起都感覺安心自在，自然可以創造舒服的關係，散發平和穩定的氛圍，也讓更多人靠近你。

生活不會一路平穩，有時即便是我們生活經歷改變，都會考驗我們的安全感，以及自身的情緒穩定度。當我們有辦法對自己的情緒和安全感抽絲剝繭，就能對自己的不安給出理解支持和陪伴，成為自己穩定的後盾，更成為自己永恆的支持者。

縱使到今天，我還是不停地自我對話。對話不僅幫助我覺察，更幫助我停下來審視自己，更讓我懂得適時地安撫和照顧自己。這一路以來心理的學習與體悟，以及學員個案們的經驗，交織出我對安全感更多更深刻的理解。我也看見擁有安全感的人，在獨處時感覺安適，人際互動時也感覺自在。因為對自己的理解和肯定，在人生目的的追尋上也有更多堅定與勇氣。

最後，很感謝有非常多的人幫忙這本書的出版，感謝一路以來參與課程和講座的學員，也很感謝我的個案們帶給我靈感也帶給我成長，不斷激發我學習和反思，如何用更為言簡意賅的文字幫助他們，以及如何透過故事讓更多人感同身受的同時，也有機會被療癒與獲得成長。同時，很感謝工作室的夥伴林俐，在忙碌的階段幫忙處理很多業務；感謝遠流出版的用心，編輯智妮、行銷凱鈞，還有總編輯若蘭，讓我們共同創造出這本著作，謝謝你們！

吳姵瑩　Chloe Wu

CONTENTS

LESSON

2

LESSON

3

擁抱你的內在小孩

LESSON 4

從頭找回安全感

LESSON 5

1

學會
跟自己作伴

當你感覺到有安全感時，便能夠安心做事，
情緒起伏也較少，願意尋求別人的支持，
也能較平和地與人溝通。
更重要的是，
會感覺自己被愛，也有能力愛人。

安全感是一輩子的練習

一直以來，很多人深受安全感困擾，也為自己沒有安全感這件事感到自責，而**安全感往往是藉由與親近的人相處，一次又一次的經驗累積而來的一種對人和對世界的相信**。

其實，從我們呱呱墜地那一刻起，世界就不再安全了。我們在母親的子宮裡既溫暖又安全，但子宮之外的世界卻充滿了各種可能的危險。因此，嬰兒表現出的姿態相當可愛，讓照顧者願意花時間陪伴、撫育。

嬰兒大部分的安全感都來自於主要的照顧者，所以當他感受到照顧者離開身邊，便會哭鬧。

不過，當然有些個別差異，有的孩子一定要特定的照顧者才能被安撫；而有的孩子則是有其他人出現，就能稍微安定下來。也就是因為如此，孩子獨特的氣質也會影響照顧者對待的方式。總是需要特定照顧者安撫、陪伴的孩子，其照顧者就需要特別有耐心。

從幼孩時期被照顧的品質，可以看出我們小時候是否覺得安全。當孩子哭泣時，往往是在說：「我不舒服了」，若照顧的人可以給予需求上的滿足和安撫，長期下來，孩子會感受到這個世界是安全的，也可以相信只要自己有表達出來，外部就會給予回應。因為，安全感的回路在內心裡已經建構出來了。

反觀，當孩子哭泣時，照顧者如果是採取忽視或放任的姿態，讓孩子哭得聲嘶力竭到自然停止，孩子便會感受到：這個世界並不安全，也沒有人愛我、照顧我；而孩子要是遇到照顧者對自己的反應為不耐煩或指責時，則會感覺自己是經常帶給他人麻煩的人物，在關係相處上感到焦慮不安。

小時候，我們自然而然得到大人的照顧，但隨著長大的過程，照顧減少了，我們被要求學著獨立，在我們失去與他人緊密連結的時候，不安全感還是會被放大。

曾經有位媽媽帶著剛上小學的女兒來找我，告訴我孩子這一年來容易感覺害怕，就連睡覺都一定要有人陪。媽媽為此很心疼孩子的狀態，讓孩子不斷接受心理輔導，狀況不至於惡化，但孩子似乎還是無法獨自一人睡覺。

這一年下來，在獨立與依賴的掙扎上，已經影響到夫妻生活，更使得妹妹也跟著要求像姊姊一樣要和父母一起睡。

而媽媽因為孩子的害怕感到焦慮，也盡可能花時間陪伴孩子。但是，不管媽媽如何努力陪伴，孩子都會面臨到一個人的時間。**當父母過度保護和擔憂孩子，也會讓孩子失去自我照顧和支持的學習機會。孩子會相信，自己處於脆弱無助的狀態，便更加依賴父母。**

孩子很容易內化父母的聲音和教養，因此安全感的建立，如果是透過父母的教養來傳達，會是更快速且有效的方法。**父母可以告訴孩子自己在時間上的有限性，並教會孩子獨處，可以讓孩子強化對自己的安全感，也提升孩子對周遭人事物的同理心。**

之後，這位媽媽除了學會安撫孩子之外，更鼓勵孩子練習獨立，並給予自身安全感。他告訴孩子：「無論是看書或出去玩，媽媽有時間都會盡量陪著你。

但媽媽有時候還是要上班，不會一直在你身邊。當媽媽不在你身邊的時候，你可能會覺得很孤單、很害怕，那我們一起想想看，一個人的時候我們可以怎麼做？找一本書陪你？用畫畫的方式畫出你的心情？還是，跟你床邊的小熊對話，跟它說你的心情呢？」

在討論後不久，孩子便在心中想著母親的話語，自己一個人時，學著去運用母親所教導的方式，也懂得如何陪伴與安撫自己。漸漸地，他害怕的情況改善許多，也降低了與父母共眠的頻率。

當我們從小就被教會——「當你一個人的時候，可以為自己做些什麼？」「當你感覺孤單或不安的時候，你可以怎麼做？」便能夠給予自身安全感。有時候，那種不安是因為不相信自己可以照顧好自己，一定需要有另一個人來安撫自己，或者幫自己轉移注意力，才覺得不安感降低了。

親愛的，所以當你發現，你常常做什麼事情都要徵詢旁人的意見；當你覺得不安時，非要找到人陪你說話不可；當你找不到人，會全身無力、陷入憂鬱時，那就要回過頭來問問自己：你給了自己多少安全感？

其實，我們太常向外尋找答案，卻往往忘了在我們心中都有一把鑰匙，開啟通往答案的門。

世界上沒有任何一個人可以給你完整的安全感，因為沒有任何一個人有辦法全天候、全年無休地陪伴在你身旁，因此你必須要面對自己。

小時候，我們渴望父母給我們安全感。而長大後，我們則渴望在親密關係中的伴侶可以給我們安全感。有時，當我們內心的不安與焦慮升起，會渴望找回像小時候大人所給予我們的陪伴照顧那種安心感。而由於被不安全感驅使，或者為了逃避不安全感停留在自己身上，有太多人無時無刻透過控制伴侶，來得到慰藉。

當伴侶一個不留意已讀不回，就好比災難發生似的，焦急得如熱鍋上的螞蟻，使對方需要耗盡心力來安撫或給予愛的保證……如此一次又一次，令我們在愛裡陷入痛苦的迴圈，對愛感覺失望，甚至感覺自己不被愛，伴侶也因為這樣深感挫敗。

就讓我們開始練習吧！

為自己帶來安全感的同時，也能為你的周遭帶來安全與信任的氛圍，更造就你在親密關係中有更深度的連結。

從現在起，當你感到不安時，就開始與不安對話吧！如果那股不安就快要淹沒自己了，感覺快要窒息了，就讓它流動吧！透過感受與呼吸，去與更深層的自己相遇。你會完好如初，甚至，會感受到自己的勇敢與力量！

記住，安全感是練習來的，是一次次與自己的對話，一次次與感受接觸累積而來的。當你的伴侶不再需要扛起給予你「十分」安全感的責任時，他便會感到輕鬆自在。而你們，也能在愛裡有更深刻的成長了。

渴望他人陪伴的人們

親愛的，當在生活中遭遇挫折或失望的時候，我們不免想要得到溫暖的擁抱，或是一句肯定的話語。可是，人們不可能一直等待他人來給予。由於太習慣別人來安慰自己，我們是否也成了那個總是在等待救援的人呢？然而，那些不安常常都是自己沒有好好肯定自己、學會療癒自己，並且成為引領自己的主人所造成的。

寂寞與不安不是病，但發作起來卻如此令人難熬？

你如坐針氈，無法遏止內心波濤洶湧的焦躁感，在房裡來回踱步，忍不住

拿起手機翻找可以陪你講話的對象；或者雙手用力握拳，指甲因此掐進掌心，以為增加身體的疼痛，能夠降低焦慮感，但卻發現這麼做一點用都沒有。

或者，你無法停止手上的動作，像是：不斷用手指繞頭髮、抓皺衣服又把它撫平、反覆按著電視遙控器，終於沒有什麼節目讓你的目光駐留時，你想把遙控器摔向牆壁。也許你會讓嘴巴不停運作，一口接著一口，不停咀嚼食物，即使你知道高熱量會破壞瘦身計畫且產生罪惡感，但至少咀嚼可讓你有事做，從孤單分心；或者，你需要不斷講話，無法忍受嘴巴闔上時，周遭安靜沉悶的氛圍。

還有更常見的，一感受到孤單和空洞，下意識就立刻抓起手機，滑上滑下，假裝自己在關心別人的臉書動態，心裡卻深深感到厭煩：「為什麼他人的生活總是多采多姿？」關掉臉書後，又玩起手機裡的闖關遊戲，時間一下子就過去了。玩累的你再度感到焦躁起來，似乎沒有做點正事，而停下手機後的焦躁感也讓你難以忍受，所以你又再拿起手機……

當發生以上的症狀時，你可能處在寂寞與不安的發作期；可能急需有人立刻解救你，抑或急需分散注意力，才不至於被淹沒。然而，它卻無孔不入地侵蝕你的感受。

親愛的，我們常以為，情緒是無形的，但它卻這麼深刻地影響一個人的生活。因此，我們需要擁有安全感的根基，才能一步步穩定扎實地做我們想做的事情，不論是學習、工作等等。**唯有在安全感中，我們才有能力建立牢固且深刻的關係**，否則當你每天感覺如履薄冰，或像無頭蒼蠅一般亂飛亂竄時，關係也如蛋殼般易碎。而沒有安全感的你也將主導權交到別人手裡，直到對方再次可以讓你感到安全為止，但你將一直生活在蛋殼般的場域之中。

其實，我們都太習慣要別人安撫我們了。

我從小就認知到自己是個情緒豐沛的孩子，也由於太敏感而吃了不少苦頭，時常處於極度不安的狀態，這讓與我相處的人疲於奔命，在辛苦了一整天後，還得安撫我的情緒，因為我感覺到對方不重視或不在乎我。但我自己也花了好大的力氣，才學會與不安相處，才懂得安頓自己的孤單寂寞，才瞭解該怎麼去愛自己。

那寂寞與不安，究竟是怎麼發生的呢？

從另一個角度來說，**它是一種對於自身匱乏的東西過度放大的結果**。為什麼你會容易專注在自己被忽略了這件事呢？為什麼你會不斷去想沒有人可以陪你呢？當你一直看著匱乏的部分，它將使你更加匱乏，因為你會開始覺得不公平，會開始失望或憤怒，會開始越要越多，變成填不滿的黑洞。

你問，那就不要去看它嗎？

不是的。

探索內在匱乏感的來源

親愛的，其實就是**坦誠地面對自己**。

首先，請先看見自己的寂寞與不安，在當下照顧好自己的情緒。你感覺自己被忽略，是！你被忽略了，去認可你內心的感覺，然後開始與自己對話。一開始，你會覺得自言自語很可笑，或是覺得又悲哀又可憐——難道我找不到人陪我說話嗎？

喔！親愛的，**請你明白，只有你自己會永遠在你身邊。無法照顧自己的人，生命就只能被其他人牽制**。你會發現，你無法過自主的生活，無法選擇你想要走的路，因為你必須聽另一個人的話；因為你害怕對方離你而去後，沒有人可以照顧你。

請深刻地感受和體會內在被忽略的不安感，因為它就是存在著，它就是你的一部分。假如你有宗教信仰，可以持咒或者禱告，也可以為自己唱首歌或隨意舞動身體，也可以坐著什麼都不做。只要更貼近你的感受，而不是逃開它，

直奔別人的懷抱或手機的世界裡。因為這只會讓你離自己越來越遠，而且無法去愛自己。

感到沈靜後，去探索它是怎麼發生的，也就是我所說的「內在匱乏感」，那種覺得內心空洞的感覺。你要一次次去反思：那個急切的渴望來自哪裡？那個不滿足的需求為什麼這麼龐大？

是因為小時候父母都太忙了，沒時間陪你嗎？讓你很害怕一個人？還是過習慣要什麼有什麼的生活，習慣有人一直寵溺著你？或者，其實你一點都不喜歡自己，所以無法忍受與自己獨處？

而在看見這些緣由之後，你可以怎麼做呢？

在承認這些事實與照顧好情緒後，開始從對他人的渴望中慢慢抽離，讓專注力一點一滴回到自己身上，並問自己：「親愛的，我可以怎麼做，才能讓你不那麼寂寞與不安？」然後，真誠地**傾聽自己內在的聲音**，真誠地與自己友好，且真心地希望自己不感到寂寞。

將注意力放在提升自己，而不是「嗷嗷待哺」，等待他人來滋潤或撫慰自身的渴望。**你需要找到你的重心與渴望投注熱情的所在，也要找到你可以去付出愛和給予愛的方式，或者轉而專注在你所擁有的部分，讓自己的豐盛感越來越壯大。**

親愛的，一切都從反思開始，唯有你看見自己了，看清楚一切了，你才知道怎麼開始調整，你才能更有控制感地去改變成你想要的樣子，就能在下一次寂寞與不安將要發作時，照顧好自己且重新聚焦。

也許從小到大沒有人教你這麼做，但並不代表你永遠學不會，在一次次的覺察與練習之後，不久的將來，你會越來越自在地與自己相處。

缺乏安全感的情感魔咒

當你感覺到有安全感時，便能夠安心做事，情緒起伏也較少，願意尋求別人的支持，也能較平和地與人溝通。更重要的是，**會感覺自己被愛，也有能力愛人**。

你說：「對啊！我的另一半都不給我安全感，我都無法安心做事，一天到晚想著他到底在幹嘛，怎麼又不回我電話跟訊息，越想就越火大！」

其實，在親密關係中，感覺到安全是很重要的，而這也是我們希望親密關係帶給我們的，一種你知道你不安的時候，有人會在那裡支持著你、陪伴你度過難關。但維繫親密關係向來都不容易，因為在關係之中總會有犧牲、妥協與許多的自我調整。如果另一半無法給你安全感，又為何需要進入關係，為了另一個人改變？

而當你說另一半不給你安全感時，是什麼意思呢？

從小時候開始，我們面對分離自然就會感到緊張與不安，因為這是人類的生存機制——避免照顧者離開，而讓尚未具備謀生能力的我們，在沒有保護之下失去生命，因此透過傳達不安的情緒，使照顧者適時地回到我們身邊給予安撫。所以，感覺不安是常見的情況。

但是，它究竟在你身上出現得有多麼頻繁？要有多少愛的證明才會讓你感到安心？有多少的安撫與支持才能讓你感覺生活正常？另一半在一天當中要有多久的陪伴，或跟你有多少的對話與互動，對你而言才是足夠的？

親愛的，我們都要意識到這樣的情形。的確，穩定陪伴的關係讓我們可以從另一半身上獲得安全感。但當你的伴侶經常不在身邊，或者你曾經在關係中經歷過受傷或背叛，或者你的生活正處於階段性的轉換（例如：換工作、孩子出生或公婆入住……等等），此時你對安全感的需求將會大幅增加，那該怎麼辦呢？

如果你驚覺，即使另一半很努力了、也調整了，但你依舊感覺到強烈的不安時，又該如何給予自己安全感呢？你已經知道先生正在重要的會議上，卻在兩個小時內打了三十通電話，因為你無法安撫自己的徬徨無助。可是，你覺得，在這個世界上會有人可以完整承接你對生活的恐懼嗎？

而我們總是在慌亂的時候，情緒變得更激動，充斥著指責與攻擊，無法克制地胡思亂想，終於等到對方回應我們，卻又拿出備戰模式，砲火猛烈，直到對方也被激怒或冷處理或奪門而出，使得自己再度陷入更恐慌、更激動的惡性循環裡。

每個人都渴望在關係裡被需要，也渴望在關係裡被愛。**然而，在與自己相處的大部分時間裡，我們需要學會給予自己安全感；學會在依賴他人與照顧自己的內在小孩之間取得平衡，因為過與不及都會讓關係岌岌可危**。當你可以斷然說出：「我不需要你」時，就得誠實地問自己，究竟是多麼痛，讓你不再感覺到關係是安全的了？究竟是多麼痛，讓你不願意索取愛與照顧了？

在親密關係中，當我們情緒不好時，往往會將責任推到對方身上。在沒有看見自己情緒模式時，很容易因為對方不夠支持自己而對他生氣。但是，這樣的模式可以追溯回原生家庭的情緒模式——當家庭中有人總是在情緒不好時，對其他成員百般責難，或開始挑三揀四，而無法反思自己的情緒到底發生了什麼事。我們就會把這種情緒模式學起來，要求愛我們的那個人去承擔起這個「情緒出氣筒」的角色。

因此……

愛情，是最容易展現我們情緒模式的地方。

愛人，是最容易被我們投射內在感受的個體。

✳

有時候我們會因為他愛我們，就開始將不安的情緒呈現出來，一方面測試對方是否真的有辦法承接，真的有辦法愛「如此真實」的自己，真的是「對的那個人」，卻忘了自己才是那個會一直陪在自己身邊的人，但我們卻不懂得如何跟自己相處，甚至有點討厭「一個人的自己」，不相信自己有辦法成為照顧與安撫自己的人，總是渴望由別人來達成這個任務。

我們在愛情裡上演了一段又一段不安與惶恐的內心戲。因為我們對自己的不信任，因為我們對自己的不安全感，一再需要對方的確認與保證。我們不相信自己值得被愛，不相信自己有價值，而一直覺得對方的付出是假的，不相信他的真意。

最後，對方也累了受傷了，有了這樣的感覺：「原來我的付出都沒有被看見」，或者「原來我不具備愛人的能力，否則為何我的愛人會一直需要確認我對他的感受呢？還有，為什麼我的愛人總覺得我陪他的時間不夠呢？」

然後，你也陷入了「我是不是永遠不可能找到『真正愛我』的人？否則明明說很愛我的人，為什麼要離開我？」這般迷惘之中，越是感覺自己沒有價值，就越討厭「一個人的自己」，無法與自己相處，獨自一人時惶惶不安，急著要找到一段嶄新的戀情，找到了便感覺一陣輕鬆，之後卻又回到無限循環的測試與失望。

由於你只渴望在關係中被照顧與陪伴，讓自己可以擺脫「一個人的自己」，所以不會有機會看清楚關係的本質，也不會確定自己是否真愛著對方。直到有一天，對方真的離開了，真的傷害你了，你才真正相信，這一切都是真的，因為你就是那個沒有人會在乎、沒有人會重視的人。而一切的劇情就如你預料地實現了，他之前所說的山盟海誓統統是假的。果然，世界上沒有人可以相信。

親愛的，你一直覺得世界是危險的嗎？一直覺得人們都不可信任嗎？也一直覺得，你不值得別人花心思，或者一直感受不到被愛嗎？你是否有思考過這樣對內在與外在的強烈不安全感來自哪裡呢？

當你無法看清楚來源，瞭解真正不安的源頭，再多愛的保證也只是短暫的心安。當你無法重新相信，練習相信自己值得被愛，也練習肯定自己，再多的愛情經驗只會驗證你不值得被愛。當你沒有開始思考並且跨出行動的那一步，那也只能讓你的世界停留在你一直以來所相信的、不安全的世界了。而會不會對你來說，這樣不安全的世界，才反而是安全的呢？

親愛的，我知道面對「一個人的自己」並不容易。而當你無法面對時，其實你無法真正對關係打開心，去感受他人的用心，去呵護自己的不安。是你隔離了自己，孤立且無助的自己，卻渴望他人完全的包容時，你最終會獲得巨大的失望。

這些源自不安的期待，會使你與另一半猶如強烈失衡的天秤，壓垮彼此的信任與相愛的能力。別為了自身的不安而遮掩愛情的美好，或者將自己的感受投放到另一半身上，認為是對方的錯誤，進而放大關係的缺陷。因此，我們必須練習面對自己的不安，面對自己的種種感受，才能讓關係最後不是回到自己最不願意的情境——「一個人的自己」。

內在大人與內在小孩的安全感對話

「你動作怎麼都慢吞吞的，我要走了，快一點！」大人作勢往前走，語氣很不耐煩。在一旁的小孩仍將臉貼在櫥窗上很專注地看著。

「你有沒有聽見我說話，我要來不及了！」大人更大聲地說著，回頭過來拉著孩子，小孩終於抬起頭看了大人一眼，目光裡帶著難過與掙扎，但還是不時將臉轉向櫥窗那邊。

「你下次再這樣我不帶你出來了，每次都講不聽，我數到三，再不走你就自己想辦法回家！一……二……三……」大人不耐煩的指數飆高，在看見孩子無動於衷後，便氣呼呼地走開了。

記得好幾年前在路邊買東西時，我看見上述的景象，這個畫面與對話並沒有持續太久，也許只是一分半鐘的對話，我不清楚這孩子跟大人之後的狀況，但在我的工作經驗裡，我知道這一分半鐘將會定格在孩子心裡很久很久。

有時候，孩子因動作太慢而被大人不斷催促卻無效時，如果大人沒有意識到身上的挫折感，很容易就化為憤怒做出決斷的行為——拋下孩子，讓孩子感覺恐懼與不安，大人試圖用這個方法讓孩子學會聽話與服從。然而，恐懼與不安的種子一旦植入內心，將會不斷發芽壯大。孩子不一定會鬧脾氣，但容易自我懷疑：

「我做錯事了，我不應該惹大人生氣，可是他們怎麼就這樣丟下我了？」

「我好擔心如果我有喜歡的東西，或說出我自己的想法，就會被拒絕。」

這種「被丟下」的感受會廣泛地延伸至各種形式的關係中，親子、手足、伴侶關係裡。即使身旁的人對你再好，心裡仍感覺惶惶不安，會想辦法去討好他們，甚至不太能表達自身的感受。這時，就需要去思考是否曾經經歷過「被丟下」的事件。

「被丟下」的傷心與恐懼，對孩子而言是巨大且難以排解的，並造成長大後在面對關係時，只要面臨相似的場景，大至他人轉身離開、突然消失，小至

發現與身旁的人意見不合，都容易引發「被丟下」的陰影，令他陷入傷心與恐懼中，就像回到小時候的自己一樣手足無措。因此他可以做的，便是像小時候那樣：聽話。

但我們往往忽略的是，大人在當時對我們的催促以及他們身上的挫折感，已經內化成我們內在的聲音。當我們每次在關係裡感到不安或者自我懷疑，那些像是大人罵小孩的聲音就會出現：「你為什麼這麼自私，只想到你自己？」、「你為什麼動作不能快一點，每次都要別人提醒你！」

接著，我們在關係裡感覺惶恐，其實也因為我們內在這些像大人一般的訓斥和辱罵，正一次次地使我們的心靈受傷，對自己有更多的懷疑和恐懼。因此，我將這些聲音稱呼為**「內在大人」，也就是你內化了來自父母、教養者、社會文化的聲音**。

如果你有個做事總是急躁的父母，就容易為自己動作慢感到焦慮或厭惡。由於這個內在大人斥責你的聲音已經重複數千萬次，讓你深信這麼慢的動作是很糟糕且無藥可救的狀態；又或者，你一直生活在繁忙的都市裡，經常接收到外在環境對你動作慢的眼光或語言，在你沒有篩選的情況下（我們往往不知道可以篩選），也會內化環境與文化對你的批評，因此它成為你生活的框架，拿來作為自我限制、自我批評的標準，也讓你一直看不見自己的好。因為你有外在環境無法寬容的特質，但那並不是你的全部。

那我們該如何給予自己安全感呢？

其實就根源在我們內在一次次的對話裡，在我們心裡感覺很糟糕的時候，感覺到在關係中的恐懼不安，感覺「被丟下」的陰影，或者各種其他形式，例如：被比較的失能感、被嫌棄的羞愧感、被拋棄的失落感……等等，都是讓人感覺不舒服，並且極力避免發生的。

而每當我們出現這種感受，就是內在小孩需要我們保護和照顧的時候，這一股脆弱感會喚起我們兒時許多無助的經驗，如同前面所述，當你感覺要被拋下，會勾出兒時大人離去的那個身影，但我們勾起的是情緒和感受，不一定有辦法勾起記憶。所以，也許有時候你輕易提取某些痛苦的記憶，而有時你根本不知道自己在恐懼或不安什麼，只知道那糊成一團、黑壓壓的感受籠罩著你，令你喘不過氣。

因此當內在小孩需要我們，我們可以去當那個我們一直以來渴望的理想大人，那個會包容、理解與溫暖的大人。**其實我們都很渴望被理解，而更多的時候是我們自己也很不理解自己**，每次內在小孩出現情緒和感受就是不斷地責備，不斷削弱自己的信心與價值，也傷害了自己。

但我們可以試著練習停下責備，並同時給出理解，與自己對話：

「我知道你現在的心情很低落，是不是他們用比較的口吻跟你說話，讓你感覺不舒服呢？」

「我知道你小時候經常被比較，所以一定覺得自己是很不好的孩子，而我原本也一直這樣認為，真的很對不起，我不知道原來我可以用不一樣的眼光看待你。」

「現在我已經長大了，我有辦法去安慰自己了！你有沒有想做些什麼讓自己開心一點呢？」

試著以大人的姿態靠近內在小孩，告訴他你懂得他的心情，很心疼與不捨他的遭遇。你願意陪伴他，不會讓他一個人面對這麼龐雜的事情，你會一直陪著他。

也可以在心中升起自己小時候的影像，或在心中升起任何一個孩子樣貌，試著用你的方式去靠近他與感受他。

接著，感受自己內心的感覺，是否有感到輕鬆一些呢？

親愛的，希望你們都可以在靠近內在小孩的過程裡，越來越感受到自己的力量，越來越有能力穿越過往的害怕與恐懼，成為更強壯的自己。

2

內在小孩的**樣貌**

你該學會練習找回自己的聲音，
找回深藏的勇敢，
把為人著想的心思放回到自己的內在孩子，
為自己的內在孩子做主，
為自己的感受而活。

憤怒的內在小孩／1

親愛的，每次討論到生氣與憤怒這件事，我發現，幾乎八成以上的人都有表達憤怒的困難，不外乎覺得：生氣是不應該的，或者生氣代表自己小氣，對生氣感到有罪惡感或羞愧感……等等。我深刻體認到，理解自己對憤怒表達的限制並不容易，卻是生命中協助自己調節情緒很重要的一環。

我記得，在我小時候，生氣是不被允許的。

五、六歲的我，跟著表哥一起參加了幼稚園的畢業典禮。我對上幼稚園的印象很薄弱，似乎只上過幾次課，但聽到表哥要去畢業典禮，我也說我想去，媽媽囑咐我要乖巧，而我小小的腦袋只想著要玩。

到了會場後，有好多好多人，學生、家長、老師，我一直挨著表哥坐著。印象深刻的是，輪到表哥表演時，他離開我身邊，我頓時覺得不安。只記得我臭著臉，在歡樂的氣氛裡感覺自己被冷落許久，一直到某位不認識的老師看見了，走過來安慰我，帶給我一顆暗紅色毛茸茸的小球，試圖安慰我時，我因為心情被觸動，反而哭了起來。**我的生氣和難過，其實是孤單的吶喊，是不安的展現**。我想要被看見、被陪伴、被安慰。

那時我剛上小班，在一個不熟悉的環境，感覺自己格格不入，也不知道該怎麼跟大家一起同樂。我沒有想到，來這裡需要面對這麼多人，也沒有人告訴我可以做什麼，我就是本能地坐在那裡哭泣，生著悶氣。

老師見到我哭了，覺得應該要讓父母知道，就找來我的父母親。而我在這麼多人的場合裡哭，更是激怒了父母，因為他們千交代萬交代不能搗亂，而我的「哭泣」令他們無法忍受，更是讓他們感覺丟臉。

於是，我被帶到廁所痛打一頓，我知道他們希望我被「修理」之後可以不哭，但我做不到。內心的難過與身體的疼痛，令我越哭越厲害。

我永遠記得，那時帶孩子進來廁所的媽媽們臉上不知所措，混合著困惑的表情，甚至彷彿有些嫌惡，也永遠記得其他孩子臉上的害怕神情，他們好奇究竟我做錯了什麼事。

我的記憶停留在廁所那一幕，只記得我多麼努力壓抑住想哭的感受，才能不再受皮肉之痛。而我當時為什麼會哭，似乎已經不重要了。我只記得的，生氣是不對的。

在尚未接觸心理學時，其實我不清楚為什麼我會覺得生氣讓我羞愧。原來是每次感覺到生氣，就會連結上那些媽媽與孩子們看我的眼神，而那些眼神讓我感覺痛苦，不禁討厭起自己來。

長大以後，進到心理諮商的領域，我才發現，這件事對我而言是創傷，會在某個時候突然浮現，提醒我，我沒有被理解也不值得被理解的內在小孩；提醒我生氣是不對且丟臉的，是應該被斥責的。最後，連我也不願意理解自己，忍不住拋棄了自己，因為我一樣愛生氣、愛發脾氣。我沒有因為被處罰而停止生氣，依舊用生氣來爭取注意力，但當我一再失敗，覺得根本沒有人懂我，而感覺到深層的孤單與失落。我沒有學會用適當的方式來表達自己，也沒有學會怎麼安撫自己的孤單，卻在怒氣中一再受傷。

我花了好久的時間，嘗試催眠的引導，療癒五歲的自己，也在心理諮商師的引導下，不斷回顧過往的歷史。我才發現，那段經驗裡的憤怒、孤單與委屈，需要被一次次看見與宣洩，去體驗完當時被抑制下來的感受，去看見不被理解的內在孩子究竟有多麼難受。因為，我想要**重新理解自己，重新認識自己，並且重新把自己愛回來**。

承認自己受傷並不容易，因為這代表我在指責父母為什麼不能理解我；指責他們在大庭廣眾下處罰我，所以過去的我總是壓抑自身感受，讓憤怒與委屈在內心燃燒、蔓延，進而對自己憤怒，也阻礙了自己與他人的連結，那種好像被全世界孤立的孤單感，那種並非被排擠卻覺得自己格格不入的無助。而我最終體認到，**真正去接觸自己憤怒的內在小孩，需要承認自己的感受，療癒才能展開**。

但當我們害怕承認，就不會覺得自己的感受有何重要，也容易使自己再次陷入負向的情緒循環。你會不斷使用無效的憤怒模式對待自己與對待他人，以尋求關注卻又覺得自己不值得被關注。

同時，也會陷入一種心中對父母很生氣，卻又強迫自己必須孝順，在內心裡感到痛苦與自責，覺得自己一直惦記著童年往事是多麼小心眼，又在父母靠近自己時，感到難受或難以親近的困窘。

親愛的，你所渴望的是什麼樣的關係呢？

很可能你覺得只要改變自己對父母的態度，你們的關係就能大幅改善，但你其實做不到，因為你有太多的情緒累積，而你一直覺得很挫敗。**你需要做的，是回到自己身上，好好看見你的情緒，看見你所受的傷，釋放出累積的情緒，再用嶄新的自己去思考你渴望的關係。**

試想，假如我們沒有受傷，為何會感到痛苦與難過？而要是沒有痛苦或難過，又為何要尋求內在的平靜或生命的真理呢？所有的關係品質，最後都要回到你與自己內在小孩的關係上，壓抑與忽略並不會讓傷痛消失。所以，請勇敢且溫柔地敞開自己，體驗內在小孩的憤怒，這將能為你的生命帶來轉化。

憤怒的內在小孩／2

「我今天發生一件讓我生氣的事情。」你說道。

「怎麼了？」我好奇地問。

「算了，我不想說，說出來太丟臉了。」你撇撇嘴，用眼神示意我不要繼續問下去。

我困惑地看著你，心想：發生什麼事讓你不願意說呢？而我好奇的，不只是「你所發生的事」，還有「讓你無法如實表達憤怒的事」。

美國心理學家保羅．艾克曼（Paul Ekman）曾提到有六種基礎情緒，是於跨文化跨情境時會在人們身上展現的，而憤怒就是其中一種。因此，人有憤怒的情緒是正常的。而憤怒時常也代表著我們正經歷某些不順心的情境，可能是受到委屈、不被尊重、被剝奪什麼或者受挫等等，都需要我們抽絲剝繭看見它。

只要能夠看見它，情緒就得以流動，也不會累積在自己身上。

在一般生活情境裡，當我們遇到事情，有些人會選擇說出來，卻也有些人選擇不說。往往，說出自己遭遇的人對事情釋懷的程度會比不說的人高出許多，當然前提是要有一個很好的傾聽者或支持者在的情形下。而當一個人選擇不說時，其背後通常有長期且沈痛的脈絡。

「我記得，有一天我終於忍不住了，我爸每次都在親戚面前誇獎別人的孩子，然後說：『如果我女兒跟你兒子一樣有多好』。我告訴我爸我對他有多生氣，氣他在別人面前羞辱我，根本不在乎我的感受，我對這件事已經忍了非常久了。但你知道嗎？他看都不看我一眼，就轉身上樓了，好像這一切都沒發生過。事後，我只覺得自己自討沒趣，他甚至用不回應來讓我感覺自己做錯事，應該要好好檢討一樣！」

後來，你告訴我，那是你有印象以來，在國中時發生的事。

「我還記得，我曾經有一次真的氣到快崩潰，把書架上的書全部掃到地上，但放學回到家後，我發現，書全部都被歸回原位了，就好像什麼事都沒發生那樣。你看，他們又再次想要息事寧人！」你說著，聲音裡帶著一絲顫抖。

我感受到你的憤怒與難過。你其實是在告訴我，你多麼希望你的怒氣是被他們聽見的，而不是視若無睹；你多麼希望，他們可以問問你發生了什麼事，而不是物歸原位，讓一切看起來如此平靜。

你說，他們的冷漠讓你感覺羞愧，好像你做了一件極為愚蠢的事，一點都不值得他們花時間理解或投注他們的關心。因為你生氣，讓他們更用力地忽略你，讓你覺得自己根本做錯事情，也沒什麼好說的，讓你必須服從於他們至高無上的權威，讓你更感受不到自己的價值與身為人的尊嚴。

你說，他們把一切都歸回原位，讓你更覺得痛苦。那些歸位的書感覺都在嘲笑你的憤怒，都在嘲笑你不該拿書本宣洩。因為，最終你的心情還是被家人忽略了，完全沒有達到目的。

你說，他們不懂你的心情，他們不去聽你的情緒，漸漸地你也閉嘴了。你不再告訴他們，你有什麼感受、有什麼想法，因為他們不會聽。

你說，你其實很痛恨他們在那時候轉身離開，那對你而言是多大的羞辱與創傷，而你不願意再說，是不願意這些創傷一而再、再而三地重演，也因此拉開了你和他們的距離。因為每一次的靠近都是痛苦，所以你選擇冷漠，就像冷漠地忽略自己的內在小孩那樣。

✶

親愛的，是啊！你憤怒的內在小孩受傷了，因為他在最需要被呵護與聽見的時候，被強烈地拒絕與忽略了。

然而，我看見的是，你的內在小孩仍持續地受傷著。你一直使用著同樣的方式對待自己，對待那個憤怒的心情，同樣覺得自己的憤怒讓你感覺羞愧，讓你避之唯恐不及。你正在用你最痛恨的方式對待你自己，持續使自己受傷。

其實你多麼渴望被聽懂，被理解，被尊重。但是今天，你卻發現，在你的日常生活中，讓你感覺不平衡的事情一再發生。感覺憤怒的同時，也努力壓抑著這些感受，因為你羞愧得不願意讓人看見。你的內在有股聲音在斥責你：

「收起你的憤怒，不准生氣，這太丟臉了。」

依循著這個聲音，你發現讓你生氣的事情總是不斷上演，你總是感到羞愧，越來越討厭自己，覺得自己越來越不可原諒——為什麼不斷重蹈覆轍？

親愛的，我們都可以練習改寫內在的聲音，改變內在情緒的途徑，當下一次憤怒的內在小孩出現時，你能否試著沉穩地看著他並且陪伴他，而不是急著撇過頭去，要自己關掉情緒呢？

請注視著他並詢問他：「你發生了什麼事？是什麼讓你生氣呢？」而不是責備他：「這有什麼好生氣？你這樣沒人會喜歡你！」

情緒是關不掉的，只會被壓抑住，卻不會因為你沒看見就消失。有一天類似的情境出現，將會反彈出更強烈的情緒。

我們必須知道，憤怒之所以會發生都有其原因。是我們過往情緒被對待的方式制約了，使得我們深信憤怒的存在是羞恥的，而去忽略了背後的緣由。

當憤怒的孩子被理解後，憤怒的情緒就會有如波浪般平息在沙灘上，又見海闊天空。請記得，憤怒的內在小孩只需要被你好好理解。

羞愧的內在小孩

那天你告訴我，你轉寄了一封信給客戶，卻也不小心把公司的內部資訊轉了出去。

當你發現時，腦中一片空白，痛苦地從座位上站起身，拖著身體走到洗手間。你無力地坐在廁所裡，兩眼空洞無神，腦海裡充滿了斥責的聲音。你將臉埋在雙手中，只能痛苦地杵在那裡。

「我真不敢相信，你居然到現在還會犯這種錯！」你聽見內在的聲音張牙舞爪地叫囂著。

「真是蠢到沒藥醫了，你幹嘛還工作啊?!要不要打包回家比較快?!」內在聲音張著猩紅雙眼，惡毒地批評你。

「丟不丟臉啊！這麼重要這麼基本的事情，幼稚園等級耶！虧你還有大學

學歷！」

你感覺自己被擊潰在地，感受不到一絲尊嚴與價值。

你說，你窩在廁所裡無助地哭了，你不懂為什麼你會犯這種錯誤。你覺得很對不起主管，也覺得對不起學校，他們不斷訓練你教導你，但你不懂你為什麼會不受控制地頻繁出錯，還出了很誇張的包。

你繼續說你對不起爸媽，因為他們把你教養這麼大，對你有所期望，卻沒想到你好像什麼都不會，就只會考試。

你感覺自己一無是處，光有那張學歷又有什麼用？你受不了自己總是少想一步，總是給別人添麻煩，總是讓他人收拾善後，又總是被他人在後面閒言閒語，更總是讓人可以挑錯來指責你。

你說，你真的受夠自己了；你說，真希望可以像鴕鳥一樣，鑽個洞把頭埋進去，一切都像沒事一樣，那該多好？希望他們能責罵你一頓後，再拍拍你的肩頭，跟你說：「改過就好」有這麼難嗎？

你終於鼓起好大的勇氣面對這件事，頓時更難過地發現，其實真的就是一件錯誤的事，但為什麼自己連處理和解決的能力都喪失了？只知道躲起來，不懂得及時補救；只知道跑到廁所自怨自艾，不懂得及時搬救兵、找資源。你越想越陷入痛苦的自責之中，覺得自己沒有一丁點的危機處理能力，也覺得自己抗壓性低得可憐，究竟為什麼公司要錄用你？

你告訴我，你進入了第二波的「自我攻擊」中，覺得自己更一無是處了。

我聽著你的故事，一邊感受到你對自己的厭惡與嫌棄，更看見你的自信在一次次的自我攻擊裡消磨殆盡。

你說：「我真的無法往好處想，我真的很難有正面想法，我根本連自己的優點都看不見了。」

親愛的，這不是我看過的第一個例子，這是我們生活中很常見的狀況。

我們注重成敗，很早就期待孩子學習，不要輸在起跑點上，過早施加競爭的壓力在孩子身上，也在比較文化裡讓孩子從小就覺得自己不夠好，比不上別人，因此不值得被稱讚，也經常懷疑自己的能力。

過度責罵的教養方式，一次次餵養我們的羞愧感，使得我們經常在感受到被罵的時候，或者做錯事時，更容易連結到早期被責備的情境。這些受傷與羞愧的感受，在沒有被療癒與看見之前，是不容易消褪的。

在我們被責罵或受到羞辱之後，心裡油然而生的會是我們所看見與感知到的「大人對我的討厭」。也許我們在理智上會知道，他們是「為我好」。但在心理上，會用我們所認為「大人對我的討厭」來討厭自己，我們的內在會開始用大人的語言，不斷重複抨擊自己。而在被抨擊之後，更讓人變得退縮，甚至造成多做多錯的局面，因此更無法原諒自己。

我們還忘了去理解自己，問問自己究竟發生什麼事？只覺得，惹大人生氣就是自己的錯，非常不應該。我們忽略了心中的委屈，可能有些事情超乎能力，有些事情我們其實沒有被教會，或者有些事情本身就不公平（例如：要求小學生做事情像國中生一樣俐落明快）。我們只知道，自己根本沒有悲傷的權利，也沒有委屈的資格。因為沒有達到要求就是錯誤，就是不夠好。

那你問：「該如何讓事情變好呢？」

當你再次感覺自己做錯事，請試著開始以下步驟：

❶ 情緒急救：事情剛發生時，會讓人極度慌亂，身心處在焦躁不安的情況下。因此，轉換環境可於初步幫自己爭取心理空間，不至於被慌亂的情緒填滿。透過走出辦公室，到附近的公園或空曠的地方，透過十次深呼吸、十次甩手於身體前後擊掌、一分鐘的甩手，感覺身上的情緒透過甩手釋放出去。

當情緒壓力稍微降下來後，頭腦才有辦法正常運作。千萬不要勉強自己在情緒慌亂的當下，去做任何調整，並找出解決方法。

❷ 開放問句：發生什麼事？我究竟做了什麼？現在是什麼樣的心情與感受？

練習一邊深呼吸，一邊溫和地直視著做了這件事的自己。你可能會很想持續攻擊並責備自己，但請透過深呼吸，幫助自己停下這些動作。

❸同理安撫：練習對自己說：「我知道你現在很愧疚」、「我知道你現在很想批評跟責備自己」、「我知道你現在覺得很擔心、很害怕」、「我知道你其實很想把事情做好」、「你現在一定覺得很受挫」……透過不斷理解自己的心情，來讓緊繃的身心得以鬆開，並且開始感覺平靜。

請不要一直叫自己立刻找出解決辦法。心情一團混亂的時候，這個目標只會將自己推入死胡同裡，更加否定與無法原諒自己，甚至讓你花更多時間才釐清頭緒。

❹陪伴支持：練習安撫自己的心情，如同看見一個不小心犯錯的孩子。告訴自己：「沒關係，我們一起來處理這件事吧！」心情穩定下來後，練習成為自己的後盾。在進行接下來的事情時，支持與陪伴自己走過，而不是恢復成那個背棄與苛責自己的角色，嫌棄自己不夠好。

透過這四個步驟，幫助自己重新整頓心情，面對做錯事的情況，讓你再次站穩腳步，當那個可以穩定陪伴自己的大人。

然而，倘若你嘗試了幾次都無法做到，請尋求專業的協助。因為這可能表示你有更深層的情緒問題，或者有需要被療癒的生命課題在其中，又或者有其他更多的干擾因素存在著。

親愛的，願我們在每一次跌倒時，都能成為那位扶起自己站好、溫暖且穩定的大人。

無助的內在小孩

「我小時候總是被嘲笑。但說真的，我已經記不得被笑的原因。可是，他們一群人指著我笑的表情跟模樣，我都記得。」

你抽了一張面紙，在手裡折了折後開始擦起眼淚，委屈一陣陣湧了上來。

「我常常不知道自己做錯什麼，我很想跟鄰居的小朋友玩。但在我記憶裡，他們一看到我就跑走。我小時候其實覺得很孤單很無聊。」你停頓了一下，似乎想到什麼，「我好羨慕他們有玩具，也好羨慕他們的家人都在家。」落寞再度出現在你的臉上。

「大人呢？他們在哪？」我問。

「他們都好忙，沒有人有空理我。」你一邊說著，身體也蜷曲起來。

你說，小時候的某個時期起，你變得很安靜，不太表達自己，也不喜歡在團體中被看見，因為你很擔心別人將注意力放在你身上。你說，每一次你被發現的事好像都不是好事，而這讓你感覺很痛苦，更深信自己需要封住自己的聲音，壓抑自身的感受。

好比說，你不小心踢倒鄰居曬在門口的衣服，被鄰居罵了一頓後，對方還找來你媽媽理論，而媽媽在他們面前扯了你的頭髮，又大力推了你的頭，忙著賠不是後，嘴裡還唸著：「都已經忙到不行了，為什麼還有你這個麻煩……」

你看到一直欺負你的那個小男生站在他媽媽後面竊笑著，之後他還變本加厲地欺負你，尤其愛扯你頭髮跟推你的頭，一邊笑你是個麻煩。

「麻煩鬼！」、「麻煩麻煩！」你最討厭的字眼在小孩之間強力放送著。

你又「不小心」推倒鄰居放在門口占地的盆栽了；你又「不小心」拿水管把其他孩子的衣服噴濕。

你又被告狀了。

媽媽這次把你的頭髮扯得更大力，你深深覺得頭髮就要被扯掉了。回到家後，母親對你尖叫，還下跪求你，拜託你不要再去招惹鄰居們，求你乖乖待在家裡。

你被恐懼深深籠罩，驚慌無助地看著憔悴又崩潰的母親，覺得自己太過頭了，你安靜了下來。原本你不太理解，為什麼母親沒有幫你講話，為什麼母親沒有指責那些孩子，明明是他們先欺負你的？

你曾經說過幾次，告訴媽媽他們會扯你的衣服，也告訴媽媽他們都不跟你玩。但媽媽卻只是揮揮手說他很忙，然後丟了一隻布偶給你，便轉身離開。似乎只有自己做錯事的時候，媽媽才有反應。

你被媽媽的眼淚嚇到了，顧不得自己的委屈跟憤怒，只剩下自責，以及強烈的矛盾和困惑。感到矛盾的是，你好氣媽媽沒有幫你伸張正義，卻也害怕他難過，甚至擔心再繼續下去，媽媽會離你而去。似乎，你只要多一點忍耐，只要變得安靜，媽媽就不會難過了。可是困惑在於，為什麼媽媽不能像別人的媽媽一樣輕鬆地過日子，並保護自己的小孩，反倒是責罵與哀求？又在於，究竟自己做錯了什麼事情，有這麼讓人討厭？

於是，你越來越安靜，越來越會忍讓。但被欺負的感覺一直都在，甚至到了結婚之後，被婆家剝削，先生外遇情況變本加厲，甚至明白告訴你，與你之間只剩下責任……你不懂這一切的忍耐與付出，到底換來什麼？

親愛的，你曾經很勇敢，勇敢地用自己的方法表達自己的憤怒。在即使沒有人幫忙與支持的狀態下，你透過「破壞」來釋放和宣洩自己的憤怒。

小時候，你的孤單並沒有被理解，委屈也沒有被看見。你希望有雙大手拉著你，帶你走出被欺負的困境，但你只感受到一雙又一雙拒絕的手，以及責備的言語。

在你小小的世界裡，沒有人告訴你發生什麼事。你給自己下了設定：「因為你不重要，你不要再當麻煩鬼了，你不要這麼多話多事，你安靜一點。」好像也只能這樣認為了，在那個孤單得只剩下玩偶與你的世界裡，你沒有太多機會跟其他小朋友或大人互動，去塑造一個快樂、好奇且純真的孩子模樣。因此，內在小孩在你的自我設定中定型了，那個壓抑與自我責備的孩子，那個怎麼做怎麼付出都不重要的孩子。

接下來，在成年的生活裡，不斷感受到自己的耗竭，也不斷感受到自己失去生活的主權。不公平與不值得的感受，也同樣揮之不去。

然而，我們可以試著與內在孩子開啟對話，來幫助自己。在我們知道自己發生什麼事，知道這一切委屈自我的緣由，就可以去除「麻煩」的自我設定，練習安撫自己，開始愛自己，也為自己建立起界限，練習拒絕他人也保護自己。

親愛的，讓我們一起來看見自己吧！看見你曾經有的勇敢，以及你後來為了家人所做的選擇，那無奈卻是當時最好的選擇。這一路以來，你的辛苦與委屈也許令你覺得不值得，但到頭來都是讓你該學會練習找回自己的聲音，找回深藏的勇敢，把為人著想的心思放回到自己的內在孩子，**為自己的內在孩子做主，為自己的感受而活。**

擁抱內在小孩的練習語

嘿～小朋友（或你的名字），我知道你受委屈了；我知道你一直渴望有人為你伸張正義，保護你的權利與尊嚴；我知道我忽視你的感受很久了。

因為我必須要忽視這些，才能感覺自己是安全的。

我知道，我一直覺得你很不重要。

對不起，我之前不知道怎麼保護自己，但現在的我長大了、有能力了，我答應你，我會去感覺你的存在。

每天與你對話、瞭解你、認識你，為你的不舒服發聲，為你的不願意拒絕。

3

擁抱
你的內在小孩

承諾自己會一直陪伴著自己，
成為不離不棄的照顧者，
即使生命裡再次發生不順心的事；
即使有心情的波動，
都願意成為那個理解與支持自己的人。

讓你身心超支的「認同上癮症」

親愛的，你是否有「認同上癮症」呢？那種小時候一直渴望被認同，大人可以在外人面前稱讚你，或者只要單純地被看見、被肯定的感受，是否使你一直感到失落與匱乏？會不會有一種做得好是理所當然，做不好就一定會被罵的感受？

這樣的你很可能對自己不太有自信。因為，當我們把對於自己的認同建構在他人身上時，往往是缺乏安全感和自信，也在人際互動中缺乏界限，容易以他人為主。在需要依賴他人的認同維生的情形下，失去自我判斷的準則，也失去自我價值感；在他人眼光中浮沉，卻又經常感到挫敗且無力，為什麼自己這麼努力，卻一直無法獲得認可？又為什麼我一直付出，其他人都看不到？

雖然，在心理學上並沒有明立「認同上癮症」的病名，但我還是用這個詞的概念來描述我所看見的現象，因為它是如此廣泛存在著。

在你身旁會不會有個朋友，他已經很努力，而你也覺得他很完美了，可是他永遠覺得自己不夠好，永遠停不下來去追尋更好、更高的目標？你不清楚，他自己也不清楚，那到底有什麼樣的價值？你每次都提醒他要停下來，因為他的身體已經出了問題；你也看見他在身邊的關係裡已經過度消耗自己，但他永遠跟你說：「好好好，我知道」卻老是做不到？

然而，他們內心裡真正的害怕與恐懼是，「如果不夠努力，就可能會被拋棄」、「如果不夠認真、不夠完美，將會失去他人對我的愛」。因此，他們無止盡地做，同時也害怕，自己所呈現出來的，是在他人眼中那個不夠好的自己，所以努力追求完美的形象，做「好」每一個角色，像是：好女／男人、好孩子、好伴侶、好員工……

然後，我們會用「負責」來包裝自己，覺得如果沒有做好每一件事，就會對不起自己，也會影響跟妨礙到別人，因此過度忽視自己的感受與身體超支的警訊，身心俱疲。在不斷付出與奔波的生活裡，直到有了病痛才讓自己停下來。

所謂成癮（Addiction）指的是一種重複性的強迫行為，即使這些行為已知可能造成不良後果的情形下，仍然持續重複著。這種行為可能因中樞神經系統功能失調而造成，但重複這些行為也會反過來造成神經功能受損。「癮」被用於描述精神強迫或過度的心理依賴，例如：物質依賴、藥物濫用（即俗稱的濫藥、毒癮）、酒癮、煙癮、性癮（摘錄自維基百科）。

因此，認同上癮症是一種不斷追求完美的行為，追求他人的認可，進而不斷付出自我。而其中的不良後果就是「失去自我」，甚至失去了身心的平衡。雖然它並不一定像物質成癮一樣直接破壞神經功能，但長期的壓力與不快樂的情緒，也已經讓神經系統內影響心情的激素、內分泌系統，連消化功能都出現問題，削弱我們的免疫系統，還會阻礙認知思考的能力，對身心產生很多限制。

但是，因為這並不像賭博與吸毒會直接帶來財務與犯罪的危機，更讓人忽略其影響力。

在實務工作的觀察中，我從學員身上的經驗歸納出「認同上癮症」的高危險群如下：

1. **男尊女卑的家庭：**這種根深蒂固的觀念，讓女性在家族裡不論怎麼做都是次等的，理所當然要去照顧和付出，也理所當然沒有得到感謝與欣賞。因為女性被認為地位低又沒有價值，而這會使得女性經常感受到生存或被拋棄的危機。有時候，為了生存以及獲得認可，就會去發掘大人的需求，並承接不屬於自己的情緒和責任。

2. **有過度優秀的手足：**優秀的手足直接擠壓到大人對你的關注，會讓你覺得，你怎麼做都不如他們，也無法獲得足夠的認同。甚至，有時候覺得自己在家中可有可無，而努力證明自身的存在，因此一邊覺得自己總是表現不如人，卻又不甘心落後的競爭性。追求來自他人的肯定，卻又推拒他人的肯定。可又由於已經習慣這種肯定是給別人的，所以經常會陷入矛盾之中。

3. **曾經有過被排擠、被霸凌經驗者：**如果體驗過被同儕排擠與霸凌，會對自我認同造成很大的損傷，因為你無法在歸屬的群體裡認識自己，也無法感覺自己被群體接納。這樣的受傷經驗會使得你更容易在將來過度依賴別人或團體的意見，不敢為自己發聲。由於擔心不被同伴喜歡，又加上曾經歷被排除的經驗，往往會奮力地達成團體的目標。

4. **嚴厲又缺乏支持的教養：**家裡有個嚴厲權威的形象，很多事情必須按照他的意見為主，因此你不太有自由去做自己想做的事情，並且在選擇或拒絕時，會受到牽制或責備，導致很容易在許多事情上放棄自己的想法，也容易產生自我懷疑與自我否定。

親愛的，無論你這樣的情形有多久了，我都想邀請你去看見原因，看見你從哪裡失去認可，是什麼原因讓你失去認可，連你自己都不願意停下來與自己獨處、放空、說話的狀態；連你自己都不願意看見和承認，你這一路以來究竟為自己做了多少事情、付出多少努力的狀態，這都很可能讓你的內在小孩受傷，也很可能是因為過往的受傷，讓你更去忽略你的內在小孩。

所以，請與你的內在的孩子對話吧！**放過自己，放下標準與完美的形象，擁抱當時受挫與受傷的自己，也擁抱疲憊傷心的自己，停下來看見自己所做的一切，你可以為自己給出認可**。只有你先給自己愛，先愛自己，才可以化解這長年糾結的「認同上癮症」。

在排擠中找回內在力量

前陣子心情有些複雜和沈重，接二連三遇到許多個案和學員都談到「被拋下」、「被排擠」等等被排除在外的經驗，我感受與陪伴著他們內心的痛苦和孤單，不禁反思，是不是我身上也有「被拋下」的議題還沒處理？

在心理諮商領域裡，我們會這般自嘲，吸引來的個案往往都呈現出我們自身的議題，而當我們也在個案的議題裡感覺撞牆或繞不出困境時，便是一個強烈的訊息告訴我們要好好檢視自身了。

一路以來，我都帶著學員去照顧自己的內在小孩。而那天晚上我提醒自己，是時候與自己的內在孩子說說話。那麼該說些什麼呢？

「被拋下」的感覺一直浮上腦海，我讓自己進入時間之流裡去搜尋。我發現，自己陸續經驗到幾段「被拋下」、「被排擠」的過往感受，也陸續感受到那個促不安的孩子其羞赧的模樣躍入畫面裡。

記不清細節，受傷的感受卻如此清晰

還記得那是五、六歲的我，身為家族中年紀最小的孫女，最受外祖父的寵愛，總是可以拿到外祖父出國帶回來的禮物。而家族中其他表哥都大我好幾歲，加上一共有六、七位，他們所分到的、來自外祖父的關注相對就比較少。由於外祖父在家族中是很有份量的長者，也許就是因為如此，獲得外祖父太多關注的我被表哥討厭了。

我已經記不起來究竟被討厭的原因是什麼，或許是我「欺負」跟我年齡最近的小表哥；也或許是我白目說了什麼不得體的話。小表哥其實是我幼年很重要的玩伴，可能他告了狀後，其他表哥聯合起來對我生氣。而我知道的是，我們一直都玩在一起。

事情的發生對小小年紀的我而言，相當可怕。

我驚恐地躲在一片門板後面，因為聽到血氣方剛的表哥們說要把我揪出來，似乎是因為我太生氣把小表哥的球丟到馬路上，讓小表哥很難過。

青少年階段的表哥們對我來說是魁梧巨大的。我依稀記得他們生氣找尋我的樣子。我從門板的縫隙望過去，只能不停哭泣。

我想，他們也許只想「討回公道」，或者是要保護小表哥。然而，被一群表哥們「討厭」跟吆喝要把我揪出來的畫面，是如此扎實地映在我的心裡揮之不去。

小時候的我，其實根本搞不清楚發生什麼事，只一味覺得自己做錯事，只剩下害怕、難過與孤單的感受。

我知道我受傷了，心裡很痛，但沒有人知道，也沒有人幫助我。我不敢告訴任何人，因為心裡堆滿了不解與害怕，只能僵在門板後面，祈禱他們不要發現我。

與內在小孩對話，給出支持與陪伴

我一邊讓自己回憶起這段經驗和畫面，一邊再次感覺自己身歷其境地回到門板旁。

我看著已經淚流滿面的孩子，心裡知道，大概全世界只有我自己可以懂他的心情了。我面對著他蹲下來，摸摸他的頭，告訴他：「你一定很害怕，你也不知道為什麼會這樣，對吧？表哥他們看起來好生氣的模樣，肯定把你嚇壞了。」

我靠近他，說出他的感受：「一個人躲在門板後面一定很孤單，我都看見了，其實不是你的錯喔！不用怕，我會陪在你身邊，你不是一個人。」我說著，摸摸他的頭，再輕輕把他抱起來，輕吻他的額頭。

我可以感覺到，他因為被安撫，情緒變得平穩許多，啜泣也緩和下來了；也感受到，他知道我心疼他而覺得自己受到重視、珍惜。接著，我告訴他：「很抱歉，我沒有及時來看你，讓你一直在這件事裡擔心害怕，我會記得時時回來看你。」

我感受到，他因為承諾而變得開心，同時我也感受到了內心的寧靜和安詳。**我承諾，自己會一直陪伴著自己，成為不離不棄的照顧者，即使生命裡再次發生不順心的事；即使有心情上的波動，我都願意成為那個理解與支持自己的人。**

離開畫面後，回到現實，我才發現，我其實跟內在小孩同步著，正淚流滿面，也感覺到內在小孩被安撫和療癒後，心裡舒展開來的感受。

未看見的傷痛，只會創造出更多傷痛

假如沒有意識到傷痛，即便我們長成大人擁有許多社交經驗，仍不一定能夠處理內心升起的不安和孤單，會感覺一瞬間自己所有能力都退回小時候那般無能為力又脆弱的狀態——不知所措且萬般指責自己，甚或怒罵自己也更討厭自己。

無奈的是，「被拋下」向來是我們恐懼的感受，我們無法去碰觸它，也相對造成我們對於人際相處的訊息有過度敏感的警報系統，會過度放大、解釋別人似乎要將我們排除在外的訊息，而可能反應過度或迅速切斷與人的連結，退回自己的保護殼裡。

我們可能在人際關係裡會一再感到「被拋下」或被排擠，就是小時候那種不曾被好好看見的感受使然，在後續的人生中產生了更多受傷的感受，進而為自己貼上不擅交際的標籤，深信自己每次進入新團體都一定會被排擠。

也就是說，日後我們在人際關係裡，還是有可能感受到被排擠或拋下的情形。但當我們無法安撫或面對這種感覺時，會不自覺想逃離當下的情境，或者過度解讀一定是自己做錯事而被討厭，開始變得戰戰兢兢、步步為營，殊不知可能他人只是有所疏漏，或者因為我們過度自責，而不知不覺在人際裡消失，帶來惡性循環的迴圈。

只要我們意識到傷痛，可以去碰觸脆弱後，就不會因為不安和孤單而癱瘓

我們正常的認知運作。

所以，親愛的，我們過往的某些經驗都等待著我們去細細檢視與釋放傷痛。當我們可以與內在小孩對話，僵住的恐懼與孤單將能重獲新生，也不會一直反覆受傷，且更能感受生活的平衡與自由。

療癒自己
也療癒心中的父母

當我們還是孩子時，我們非常脆弱，也很難明辨是非，更因為能力受限而需要依賴他人，所以更容易受到傷害。

每次所談論的內在小孩，**其實不外乎就是返回自己內在的「家」，與內在小孩講話，聆聽內在小孩，撫慰與照顧內在小孩，而不是將關注一直放在他人身上**。

✶

「我覺得很生氣，那天我提著行李，外面又下著大雨，我在搭車之前打電話給我爸，跟他說我幾點到車站，要他來載我，他只回我說：『喔，你要回來就回來啊！』我聽了覺得莫名其妙，所以到底要不要來接我呢？結果，到了車站後，果然一個人影都沒有，車站又很偏僻。我再打了一次電話給他，他對我說：『啊你到車站了啊？那你應該知道怎麼回來吧！你就自己想辦法解決啊！都這麼大了』。」你的表情有著憤怒與受傷。

「我到現在還是不知道，究竟他為什麼要這樣對我。我不可能從車站拎著行李去等不知道什麼時候才會出現的公車。我家真的很偏僻，沒去過的人很難瞭解。而當時，我也不可能走一段路再去攔車，只能跳上車站旁貴得要死的計程車。可我當時明明就還只是學生！」我看見你眼眶開始泛淚。

「你很難過，在你需要他幫忙的時候，他卻缺席了。」我對著你說。

你流下眼淚，越發感受到內在湧現一陣又一陣的悲傷與心痛。對你而言，這似乎一再發生。

親愛的，在我們的生命裡總是有幾段這樣的經驗，你渴望父母的協助，或你感覺到自己的脆弱與無助。當你需要支持和溫暖，卻被冷冰冰地拒絕，或者強迫你長大，獨自去面對困境。你除了感覺到孤單之外，甚至還有被忽略跟被拋下的感受。

這種背棄來自於父母，會讓人耿耿於懷好些時日，有時候甚至是一輩子。你發現，你所壓抑的感受包括顯而易見的憤怒。這讓你很難釋懷，但你卻要自己不去多想，可又無法忽視內心的委屈。

「其實有人說我太計較了……也有人說，為什麼我這麼依賴……更有人說，這有什麼嗎？我聽了心裡更難過。我只希望，有人可以真的懂我。」你有點無奈地說著。

其實這些糾結與無奈，需要被療癒。**而當我們負面看待這些糾結，同樣以他人的眼光看待自己的感受時，除了會否認壓抑情緒，還會為自己有憤怒而感到羞愧**。但你需要的是「療癒自己」。

在這裡，分享給大家在《和好：療癒你的內在小孩》（自由之丘出版）一書中所使用的「觀想五歲小孩」的練習。你也可以透過正念的方式，與內在小孩同在，在吸氣與吐氣之間，感受他的存在。在一個舒適不被干擾的環境，放鬆身體，並對自己說這些話：

（吸氣）我看見自己是個五歲的小孩

（呼氣）我對內在的五歲小孩慈愛地微笑

如果你意識到五歲的自己曾經有受傷經驗，可以提取事件中的畫面和小孩，透過正念去接觸他。同樣地，在剛才的故事裡，也可以透過正念協助療癒當時的傷痛。

（吸氣）我看見在車站那個傷心的孩子

（呼氣）我對傷心的孩子慈愛地微笑

在呼與吸之間，去感受傷心、糾結與痛苦，讓自己流淚或放聲大哭都沒有關係，並且在吸與吐之間釋放情緒。

當你可以讓自己釋放情緒，也許就不會那麼糾結為什麼父母會這樣傷害你，或者無法理解你。也許你仍有許多不解與困惑，但慢慢地你將能從自己的傷痛和療癒的過程裡看見：**不只我們自己，我們的父母也如小孩一般受傷**。

如果我們沒有轉化內在的痛苦，可能會傳遞痛苦給自己的父母親。他們和我們並非分離的個體，我們是他們的延續。而你的療癒和轉化會令你開始懂得，**曾經脆弱無助的父母不會是我們攻擊和有所防衛的對象，而是需要我們協助的人**。

然而，你並不一定有力量立刻去修復關係和協助父母，而是用相同的方式去連結父母的內在小孩。

練習：

（吸氣）我看見父／母親是個五歲的男／女孩

（呼氣）我向那五歲小孩——我的父／母親微笑

在你療癒自己與釋放傷痛的同時，可能會開始意識到，過往你聽說過的父親或母親的故事，那些令你不可置信又令人心痛的故事也曾發生在他們身上，但他們未能有機會去療癒和轉化。

如果你能夠瞭解，父母親作為五歲的孩子一樣的脆弱、容易受傷，瞭解他們有時的隔離、粗暴和不可理喻，是因為年幼時也同樣被如此對待，便可以對他們生起慈悲，而非憤怒了。

四件事，帶你走回家的路

也許你也讀過《論語》，我對孔子所說的這句話一直印象深刻：「君君臣臣，父父子子。」

這意思是，君要做仁君，臣要做忠臣，父要做慈父，子要做孝子，延伸至夫婦兄弟朋友，各有其應該遵守的倫理，此即五種人倫之教。

我們的成長背景都深受儒家思想的影響，但並非每個家庭都做得到，因而常有人說：「家家有本難念的經」。那麼，我就拿其中一本經來說說吧！

小琳是個美麗的人妻，有了一個可愛的女兒，但他有個「不檢點」的母親，長年外遇給父親戴綠帽，也沒有盡到母親的職責。小琳是被父親一手帶大的，他從小回家就不見母親身影，也一直恨母親偷交了男友後就連家也不回。

他總是得不到母親的照顧呵護，因為母親眼裡只有愛情、只有新鮮感。只要有新的男人，母親就更渴望從對方身上獲得照顧，黏著新男友，直到分手才回家。可父親卻仍是開門迎接他，哄他開心。

小琳非常恨，明明母親已經五十多歲，還當了外婆，為什麼還這麼不收斂？由於自身的成長經歷，使得小琳非常疼愛女兒，極盡所能地給予一切，並且避免女兒與他的母親接觸。但小琳卻漸漸地發現，女兒並不快樂。因為他給的太多了，而女兒甚至抱怨，為什麼不能跟外婆在一起？用心良苦的小琳感到相當受傷。

終於，在心理成長的課程裡，小琳逐漸看見了過去沒看見的母親——生長在貧窮又多子的大家庭裡，男尊女卑的觀念，又加上母親的表現沒有特別優秀，令他從小就被忽略。

長得漂亮的母親也渴望多一些物質可以來打扮自己，但卻一直沒有被滿足。而小琳的外婆則是苦於養家，更苦於在家族中取得一席之地，根本沒有好好關注這個女兒。

其實，小琳的母親沒有真正長大過，一直是極度渴望被愛與被照顧的小女孩。我們都以為，孩子長大了很多事情就自然會懂，但沒有人真的教會小琳的母親怎麼照顧自己，所以他更不懂得如何照顧小琳，也無法當好一個母親，使小琳留下許多的失落和憎恨。

小琳之所以對女兒過度寵愛，就是為了彌補過去自己沒有在母親身上感受到的母愛。

✶

親愛的，你可否懷疑過自己是父母親的孩子？如果是親生的孩子，又為何這麼不受到重視呢？你生氣著、憤怒著。而當你向父母抱有這樣的情緒時，是否想過你的父母怎麼了？

在不被重視的家庭中成長的孩子，如果不曾有機會跳脫，或者重新學習，自然會成為不曉得怎麼重視孩子的父母。所以，「當好父母」這件事，是很困難的。

然而，我們終究要學習的是，轉化對父母的情緒。你一定不相信，你對父母的情緒終有一天會成為你的孩子對你的情緒。就如上述，小琳氣母親外遇，女兒則氣他凡事都要管、凡事都充滿限制。小琳的情緒持續在家族中流竄，直到他願意面對與轉化為止。

如果，你發現你有這些跡象，可以試著這麼做：

❶ **「當自己的父母」**：你一定覺得很荒謬，但簡單來說，是學會像你渴望父母照顧你一樣地來照顧自己。如此，你才有力量去愛、去原諒他人。

譬如，從小我就很嗜睡，總是一再按掉鬧鐘，直到我真的覺得睡飽才願意起床，但每次起床我就深感罪惡，一直責怪自己，覺得很不自律。在心理學的學習中，我才意識到，原來我內在有嚴格高標準的管束，像嚴父一般訓斥我。當我意識到後，我開始思考，究竟我希望什麼樣的聲音叫自己起床呢？

後來，我開始練習用溫暖媽媽的聲音叫醒自己，用一種溫和又理解的聲音，像是：「昨天你工作十個多小時，一定很累，再睡一會兒吧！」而在過程中，我經驗到內在的支持，卻同時面對內在矛盾，因為訓斥的聲音也會隨後出現：「賴床就賴床，這麼多藉口！」所以要持續當「溫暖媽媽」並不容易。

當我們願意對自己持之以恆地傳遞溫暖，將有辦法累積足夠的力量，在愛和包容自己的過程中也學會去愛別人。可是當我們都無法對自己溫和，回到父母身上呢？

❷**「同理父母」**：從他們的成長經驗去理解他們，帶著慈悲與寬容，看見他們的痛與苦。

無法溫和對待我們的大人，往往內在也有個嚴厲的聲音控制他們，有時候並非他們不愛我們，而是他們認為，嚴厲也是一種愛，但卻阻礙了我們對愛的接收。當我們感受不到愛，會有很深的痛苦和怨恨，便很難對自己給出愛或回應父母。若能夠從自身出發，看見愛自己過程中所遇到的困難和障礙，就能深刻地理解父母。同時，我們也可以從自己的成長經驗裡，去體會父母的成長經驗的匱乏和無助。

❸ **「愛與原諒」**：在覺察與理解之後，帶著這股力量來愛你的父母，原諒他們的忽略與失職，看見他們的有限，並理解這一切行為背後的心理狀態。當我們在心中可以達到這個層次的和解，很多情緒就得以昇華，轉化為愛的力量，去滋養身旁的人。

❹ **「欣賞自己」**：欣賞與感謝自己，這麼努力地過生活。

「沒有一種覺醒不帶著痛苦。」榮格這麼說。往往是成長和生活裡累積的痛苦，讓我們必須在痛苦中調整。而覺醒的過程，需要對自己的支持和陪伴，因此欣賞與感謝自己，看見自己努力地過生活，也努力地面對議題，是不可或缺的一環。

親愛的，「回家」這條路一直都很難走，但我們沒有別條路可以走了，而走下去的力量來自我們身上。我知道有時會不想做，或者越走越憤怒，感到不甘心，但其實你並不孤單，而且你很勇敢地承認，你一直以來認為的瘡疤，或者令你覺得羞愧的家庭。這股力量在覺醒之後，會帶給你輕盈且嶄新的人生。

4

從頭找回 **安全感**

當我們感覺被理解，
會有更深刻與人連結的感受，
感受到內心的踏實和安全。
理解建構出的，
是心靈上的富足感和安全感。

疼愛與理解的經驗

請就以下的三個問題，在記憶中搜尋讓你印象深刻的經驗：

❶ 你是否能找到被人「疼愛」與「理解」的經驗呢？

❷ 有哪些人給予你這樣的經驗？

❸ 他們分別做出什麼樣的行為，讓你感受到被人「疼愛」與「理解」？

我們都在大人身上學會如何對待自己

生而為人，我們都渴望著愛與歸屬感，在小時候尤其需要，因為我們必須透過大人的給予，來保障生命安全。我們都在尋找一種被愛的感覺，或者感覺有人是我們可以依賴的。

在我們生命的早期經驗裡，獲得「被愛」、「被關心」的感覺其實很重要。因為，它是孩童時期讓我們感覺身心上安全的來源，同時於某種程度也形塑出我們是個什麼樣的孩子，以及我們對外在世界的感受。

當我們可以輕易地提取被疼愛與被理解的經驗時，自然會認為我們是有價值的、值得被愛的。所以，如果在關係互動當中被傷害時，我們知道有個「家」永遠可以回去，那裡總是有支持和愛著我們的人，而不會待在消耗自己的關係裡，繼續受傷。在這樣的環境下成長的孩子，其實也比較能夠容易信任身邊的人，或者相信環境是友善的，容易建立或者拓展生活圈。

有些人在工作坊中，會感覺自己很難回答這些問題。就是在這種時候，他們才忽然意識到，自己被疼愛與被理解的經驗有著很大一片的空白。

他們感覺，自己往往在家族中不受重視；或者感到憤怒的，是家人總不懂他，甚至對他們充滿誤解。因為感受不到被愛，便轉而在親密關係中尋求認可與支持。當身邊有人釋放出愛意與關心，就輕易陷入愛河，不願意去看見當中的不適合，或具傷害性的關係模式。

當然，有些人並不容易開放自己與人連結。尤其，如果在他們早期經驗裡，有過被忽略或與大人相處有受傷的感受時，對人就更加難以信任。**他們表面上看似獨立自主，但實質上是不允許依賴**。然而，當他們一旦與人建立關係，就會依賴關係，並滿足他們所有身心的需求。簡單來說，他們會將親密關係視為生命的重心，不斷繞著關係中的另一個人轉，而使得關係失衡，或者讓另一半對自己予取予求。

愛與歸屬一直都是人的基本需求，當我們無法從家庭獲得時，便會在愛情裡索取滋養，或者在工作方面追逐成就。而這不外乎都在尋求一種群體的歸屬和認可感，知道自己在哪裡可以獲得價值、在哪裡立足。因此，在愛與歸屬的需求滿足上，我們很容易會發現，**只要個人感覺匱乏，男性傾向尋找工作的認同和權力感；女性則傾向尋找關係中被需要與被照顧感，卻忽略了自己在匱乏追尋的過程裡，身心已經失衡。這種被人「疼愛」與「理解」的經驗若是匱乏，會影響到我們的安全感，而在工作或情感上過度付出，並且消耗自己。除此之外，這些經驗通常會內化成我們對待自己的方式。**

家庭形塑我們人格，同時也學習面對自己的方式。往往在被人「疼愛」的選項裡，許多人的回答會是家人，包括父母、兄弟姊妹、祖父母、丈夫等等，或者有人會回答男女朋友等親密伴侶。而在行為上，通常會是噓寒問暖、生病時的陪伴照顧、出去玩、提供安全保護，或者更多的是被餵食的經驗，舉凡身體層面的照顧或安全等，其實多數的家人都會提供照顧，讓我們的身體在安全無虞的環境下成長。

而在被人「理解」的選項裡，回答「家人」者就相對少上許多。多數人會回答的，是朋友、長輩與老師、另一半等等；極少數回答母親又或手足等。因為「理解」代表的，是心理與情緒層次。

當我們感覺被理解，會有更深刻與人連結的感受，感受到內心的踏實和安全。因為這些理解的行為有：包容、接納、同理不批判、支持，那是一種，不論你是什麼樣子我都包容你，也是一種我懂你正在經歷的困頓，並且我願意支持與陪伴你，而讓人感覺不是孤單和無助，可以更有信心和力量地來面對事情。**因此，理解建構出的，是心靈上的富足感和安全感**。

其實，這也說明了，許多家庭會用物質寵愛孩子，但並不一定能讓孩子感覺到安全感。

在孩子哭鬧時，透過物質和餵食來安撫孩子，卻沒有去理解孩子的情緒，依舊會使孩子感到心靈空虛。而這樣的孩子長大後，也經常透過「空心消費」來彌補內心的不安，或者藉著不斷進食來增加控制感。他們內心的失落，往往是很多人無法理解的，只因他擁有了許多讓人欣羨的外在生活。

真正懂得「愛自己」，才能擁有安全感

究竟這些被人「疼愛」與「理解」的行為，如何內化成我們的一部分呢？又為什麼很多人會說：「我家人對我很好，可是他們都不懂我」這樣的話？

還記得，在我小時候，我是家族裡很受寵的小孫女。在母親這邊的親戚男丁旺盛，只有三個女孩，表姐們都大我十多歲，我是最小的，是外祖父心目中的小公主。每一次只要我開口，他就會買好吃的東西或亮晶晶的貼紙給我，讓我感覺他對我的重視與疼愛。但我知道，他的疼愛裡並沒有「理解」。或者，這對他而言其實是困難的，我也不奢望他能夠懂我。

後來，我意識到，遇到心情很糟的狀況，我就會開始透過物質的方式來滿足自己，或者不斷上餐廳吃美食。即使我明白自己在「空心消費」，但就是無法停止那樣的行為。因為，我需要透過消費的刺激，來暫時填補內心的空洞。我一直以為，那是愛自己的方式，卻無法忽視在付錢那一瞬間過去後，內心依舊湧現的空虛感，很可能讓我持續購物，直到我的財務出現危機為止。

「愛自己」這幾個字近年來風行，卻經常被人誤解。很多人覺得吃好用好，就是愛自己，但這的確也是承襲自我們被人「疼愛」的經驗裡的內容。**我們曾經在這些物質的供給上感覺到被愛，不過這些愛自己的行為，卻無法真正帶來內在被愛的感受**。

更多的情況是，我們經常「愛完自己」後，看著帳單，心中油然升起的是——我怎麼這麼不節制？怎麼這麼愛花錢？怎麼這麼糟糕？而這些自我批判的話語，經常是來自勤儉的父母眼中的我。因此，我一面用我所知道「愛自己」的方式宣洩情緒，但內在又有父母曾經批判我的聲音重複播放，使得我又陷入心情低谷的循環裡，沒有真正地愛自己，或者舒緩令我困擾的情緒。

相信說到這邊，你們更能體會「內化」是什麼意思，又如何在我們生活中發生。**我們非常容易將主要的照顧者，或者對我們深具影響力的長輩其聲音與行為，內化成對待自己的方式**。

前面有提過，曾經有個媽媽帶著十歲的孩子來找我諮詢。因為孩子在過去一年一直有情緒上的困擾，特別是晚上睡覺時，會想賴著媽媽睡覺。媽媽很擔心，在孩子一開始有情緒困擾，就找了心理諮商。透過畫畫、遊戲等方式，已經有效地讓孩子情緒平穩下來，且狀況不惡化。然而，孩子仍是依賴著媽媽。他還有個七歲的妹妹，原本兩姐妹是睡在同一個房間，但因為姊姊跟媽媽睡之後，妹妹也開始吵著要跟爸爸睡，兩姐妹的行為也影響到了夫妻關係。

之後，在孩子的特質裡，我看到一些依賴性，以及情緒特別敏感。而在不考慮家庭關係的情形下，我問了母親，有沒有試著跟孩子討論：「當你覺得害怕的時候，你可以怎麼辦？」

母親有些愣住，他是個相信並尊重專業的母親，所以在第一時間就讓孩子接受各種治療。可是，其實孩子最信任與依賴的，還是父母、主要的照顧者。如果可以在孩子情緒平穩的時候，陪同孩子討論，更重要的是讓孩子知道：媽媽並不會一直陪在身邊，而一個人的時候可以怎麼辦？要不要試試看心理老師教你的畫畫來陪伴自己呢？

母親可以在孩子的情緒上給出理解和支持，也陪伴孩子探索，找到孩子能夠運用來陪伴自己的方式，這其實會讓孩子一生受益，也很容易就內化成孩子對待自己的一種方式。

然而，**孩子許多行為和情緒是反映家庭關係失衡的顯影劑**。當母親做了這些後仍舊無效，便要回到「家庭關係」這點來探討，而不單就孩子特質本身了。

對於**無法提取任何被人「疼愛」與「理解」經驗的人，往往需要透過生命中另一段信任與深度連結的關係中，重新建立起個人內在對自己的愛和同理**。

因為，當我們生命早期總是接受到被拒絕與被忽略的經驗時，自然會以相同的方式對待自己。不曾感受被疼愛，就一直在親密關係中尋找被愛的感覺，造成有些人會對關係執著、放不下，或者透過不斷討好另一半來感覺安心，以為只要付出得夠多，就能有被愛的保證，但結果經常是在愛裡失去自我，也失去吸引力。

同樣地，當被理解的經驗太少時，就很難對自己的情緒、行為有足夠深刻的理解，難以理解自己為何憤怒、為何悲傷，也無法有力量地陪伴和支持自己。所以，常常在自己出現不舒服的情緒時，透過他人來索取；或者不斷指責與批評自己的軟弱，更強化對自己的負面觀感，就如同早期感覺自己不被理解和被晾在一旁的感受一樣，有種「丟掉自己」的想法。

親愛的，請先透過你對疼愛與理解經驗的探討，讓你對早期被愛、被關注與被同理的感受有初步理解。接下來，將更深入到其他生命事件，探討你自身的安全感。

生命事件的回顧

自我探索的方式：

❶先畫下一條直線，標示你的出生與現在的年齡，以年齡做分野。

❷請寫下從小到大，有記憶以來讓你感到不安、痛苦等強烈情緒的事件。

❸情緒強度越高，線就畫得越長，在旁註明事件，以及腦海中閃過的關鍵字。

❹避免交談，也允許自己在過程中有任何的感受。

請就這四個指導語，在一個安靜不被打擾的空間還有時段裡，畫出自己的生命軸，並且寫下你的生命事件。

生命事件的探索，一直以來都是心理成長與自我探索中最常使用的一種方式，可以很快地看見整體人生的經歷，並在回顧的過程中，瞭解生命延展的脈絡，甚至看出一個人性格形塑的過程。

很多人在繪製時間軸的過程中，開始會有很多的情緒湧上，頓時發現過往積累很久的心情在此時釋放出來；也有人開始有很多頓悟，驚訝地發現原來自己從小就無法信任別人，更別說在親密關係中，總是懷疑對方或挑剔對方；有些人則會明白，對自己的厭惡感是與早期被羞辱與責打經驗有關。

在此，我搜集了兩個在工作坊中的學員範例，將他們的探索過程逐一解析也分享給讀者，希望讀者可以從他們的故事獲得啟發。

19 歲（大一）

朋友都走了、沒有歸屬感、重考

孤單、失望、不被理解

大三

一個人在國外

孤單但珍貴

大四

和第一任女友第一次分手

難過、痛苦、無力、想挽回、憤怒、後悔

25 歲

當兵、被吃假、受傷、被關起來

不安全感、惱怒、受挫、被騙、孤單

26 歲

與第一任女友分手、父母要離婚、工作不順

焦慮、無助、難過、後悔、害怕

28 歲

與第二任女友分手、各方面破碎

生氣、世界末日、孤單、無助、受傷、嫉妒、困惑、沮喪、焦慮、不安全感、被拋棄

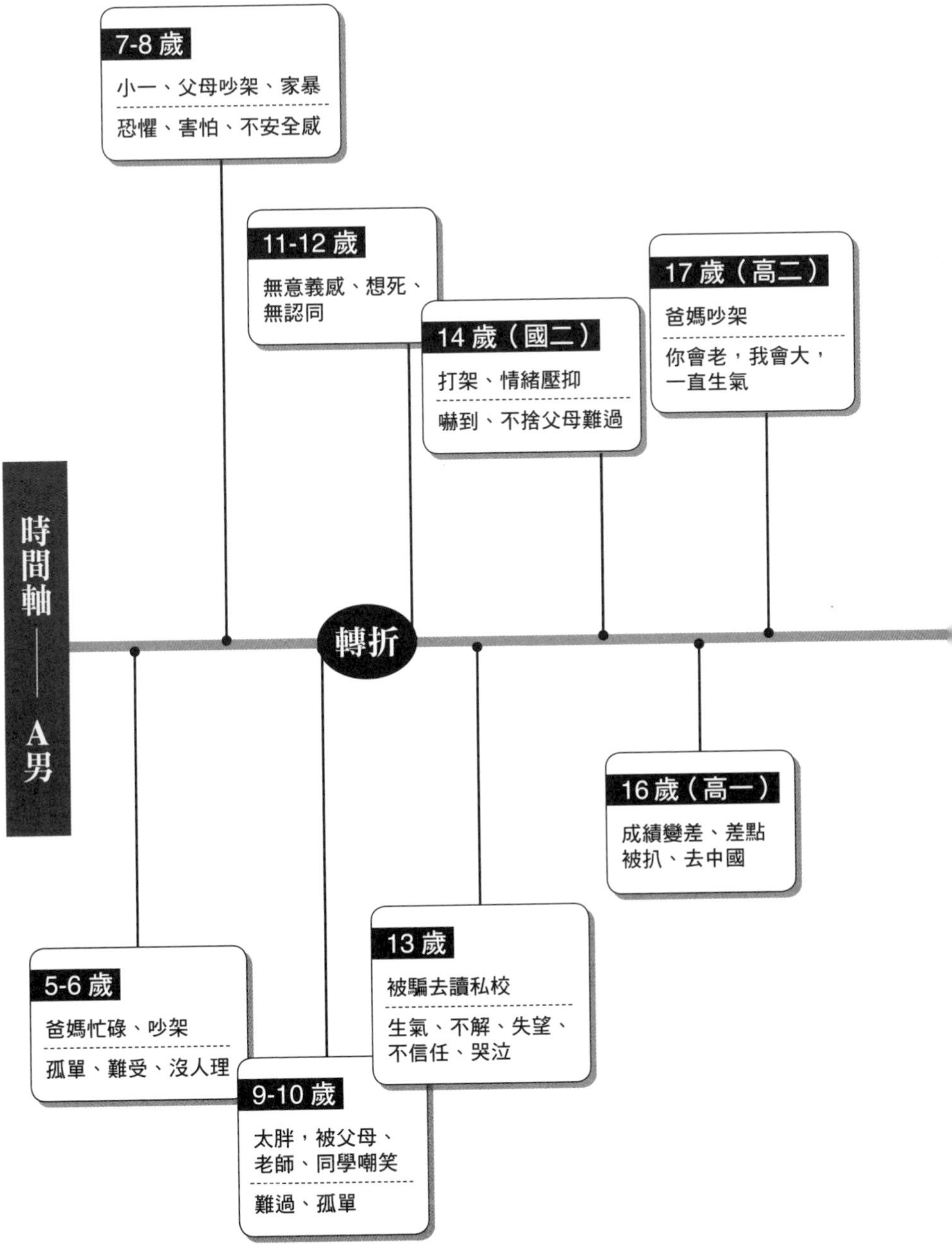
時間軸——A男
轉折
5-6歲
爸媽忙碌、吵架
孤單、難受、沒人理
7-8歲
小一、父母吵架、家暴
恐懼、害怕、不安全感
9-10歲
太胖，被父母、老師、同學嘲笑
難過、孤單
11-12歲
無意義感、想死、無認同
13歲
被騙去讀私校
生氣、不解、失望、不信任、哭泣
14歲（國二）
打架、情緒壓抑
嚇到、不捨父母難過
16歲（高一）
成績變差、差點被扒、去中國
17歲（高二）
爸媽吵架
你會老，我會大，一直生氣

案例分析

A男來自一個父親會施暴的家庭，從小不斷經歷父母嚴重爭吵的情境，也讓他在成長的過程裡倍受壓抑、痛苦和孤單。在家中沒有足夠的支持與關愛，就學時被家人欺騙，也傷害他對人的信任感，讓他開始對人冷漠並保持距離，而在學校的人際相處也跟著出了狀況：被排擠、霸凌等等問題，影響了他的人格和自我發展。

我們可以看見，他早期經驗限制了其情緒表達和發展，經常感覺自己不能有聲音，也不一定有掌控權和自主感，因為有威權且暴力的父親，他可能為了母親開始變得乖巧，也同時壓抑自己的憤怒。除了家中權威不允許，也痛恨跟父親那樣的憤怒，並且影響到他無法好好與自己建立連結與界限。

母親對A男很好，卻無法保護他。在他需要依靠時，卻被迫要獨立，因而讓他覺得，即使自己有父母，仍是要靠自己去找尋答案、自己長大的感覺。他會經常感覺缺乏歸屬感。年幼時，家中的爭吵讓他的內心無法建構起穩定安全感，覺得家似乎隨時會分崩離析。小學時期的排擠令他感受不到來自重要的同儕給予的歸屬感，甚至就學時經常被要求去到更遠或不熟悉的地方，加上感覺被欺騙，而體驗到一種情感與信任感的斷裂。

雖然在十一歲起感覺到轉折，因為自己外型變得討喜、成績變好，覺得被世界注意到，開始讓他認為，自己需要很努力才會被接納與認同。

情感斷裂與不安全感讓他特別渴望愛情的歸屬，需要一種深刻且緊密的連結，來讓自己感覺被愛，彌補沒有被家人愛的空缺和遺憾，但由於覺得自己需要很努力才會被喜歡和認同，使得他更容易在關係中犧牲自己以討好別人，到後來還是因為愛情的離開，感到自己支離破碎。

A男在探索時間軸時，開始去意識到，他重複發生的事件元素是爭吵與暴力下，那份對孤單與情感的克制。這讓他必須收斂起情緒與他人保持距離，卻又因為孤單而渴望連結，在生活中的各個層面很努力尋找認可與渴望被愛，一直到幾次重要親密關係的斷裂，才讓他停下來，重新審視自己，學會開啟和釋放情緒，與之共處，看見那個孤單的孩子，練習安撫與保護自己。

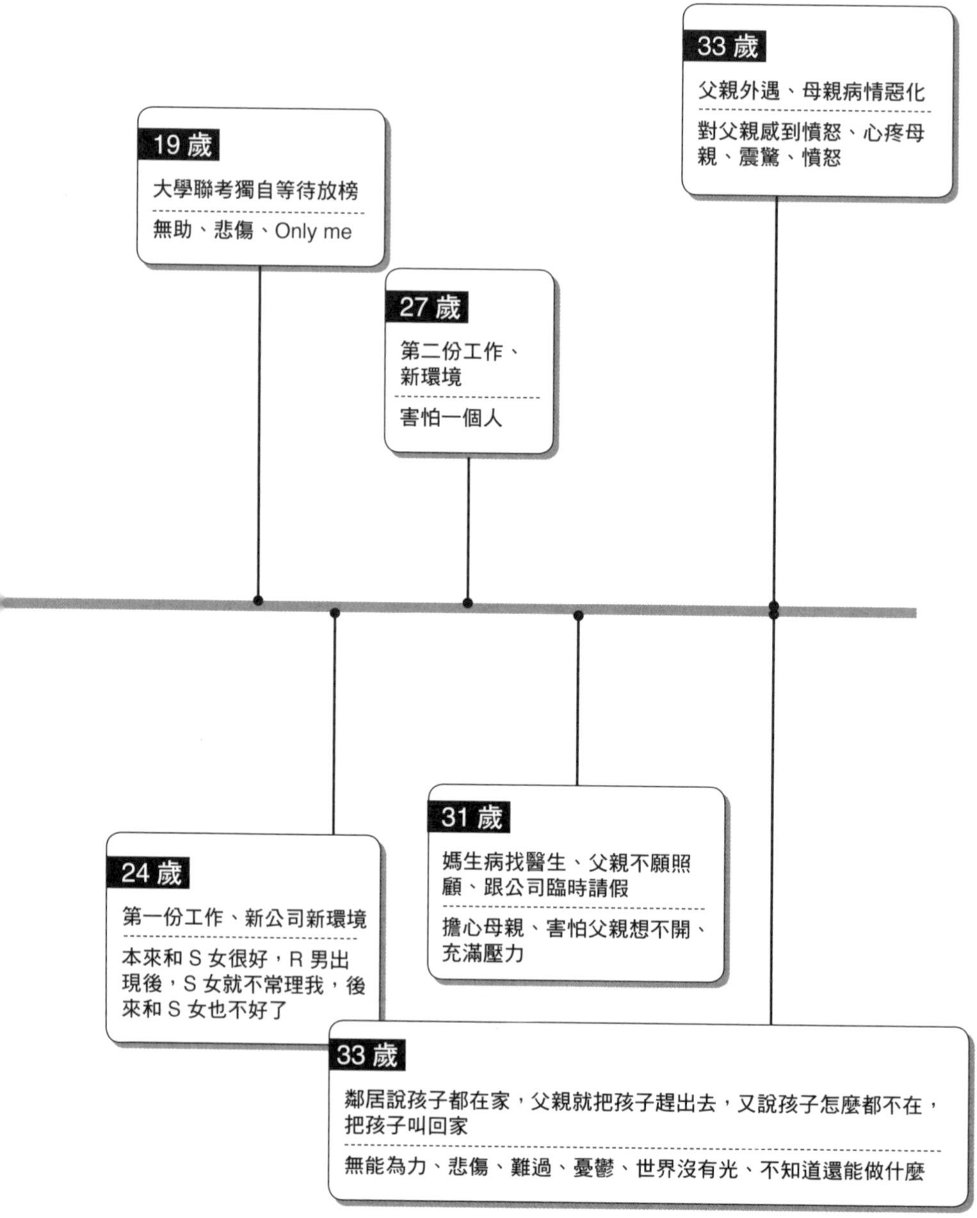
19 歲
大學聯考獨自等待放榜
無助、悲傷、Only me
24 歲
第一份工作、新公司新環境
本來和 S 女很好，R 男出現後，S 女就不常理我，後來和 S 女也不好了
27 歲
第二份工作、新環境
害怕一個人
31 歲
媽生病找醫生、父親不願照顧、跟公司臨時請假
擔心母親、害怕父親想不開、充滿壓力
33 歲
父親外遇、母親病情惡化
對父親感到憤怒、心疼母親、震驚、憤怒
33 歲
鄰居說孩子都在家，父親就把孩子趕出去，又說孩子怎麼都不在，把孩子叫回家
無能為力、悲傷、難過、憂鬱、世界沒有光、不知道還能做什麼

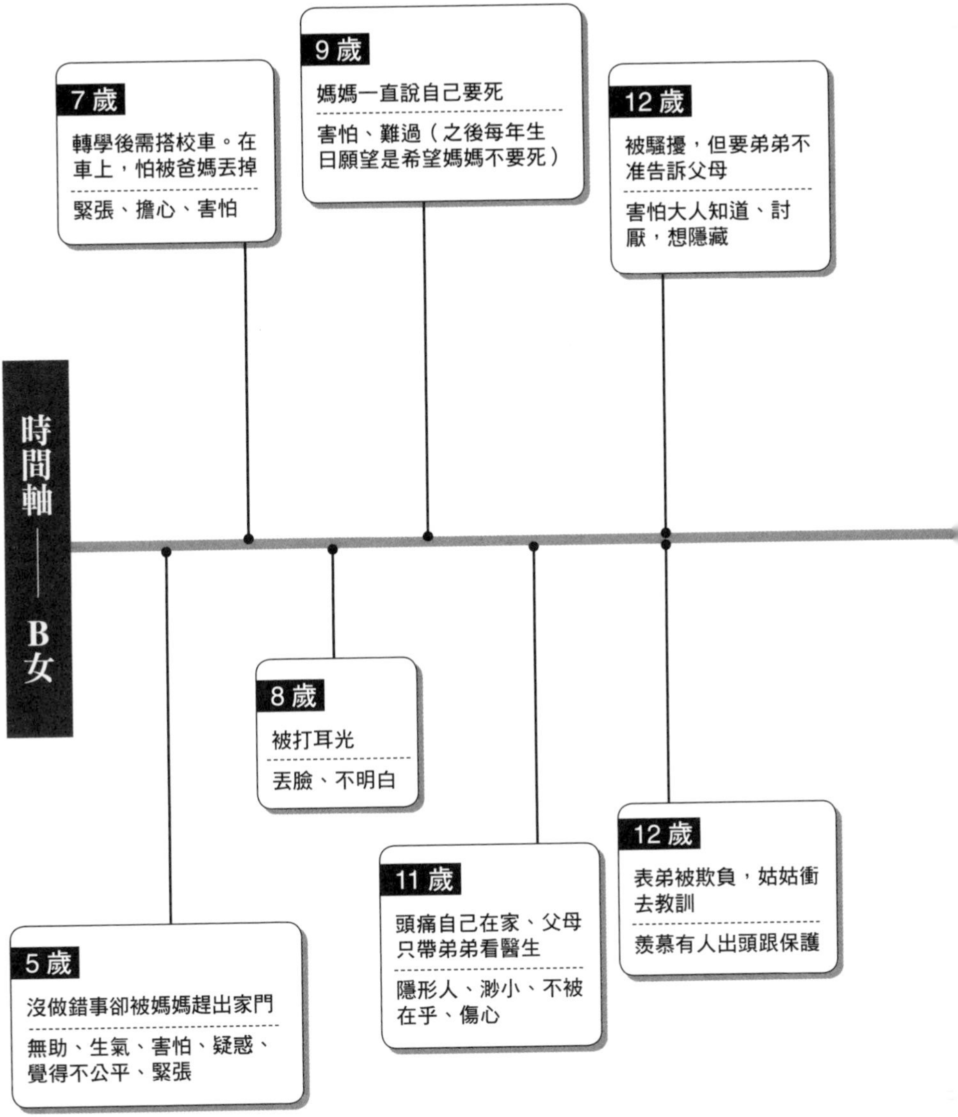
時間軸——B女
5歲
沒做錯事卻被媽媽趕出家門
無助、生氣、害怕、疑惑、覺得不公平、緊張
7歲
轉學後需搭校車。在車上，怕被爸媽丟掉
緊張、擔心、害怕
8歲
被打耳光
丟臉、不明白
9歲
媽媽一直說自己要死
害怕、難過（之後每年生日願望是希望媽媽不要死）
11歲
頭痛自己在家、父母只帶弟弟看醫生
隱形人、渺小、不被在乎、傷心
12歲
被騷擾，但要弟弟不准告訴父母
害怕大人知道、討厭，想隱藏
12歲
表弟被欺負，姑姑衝去教訓
羨慕有人出頭跟保護

案例分析

B女從小因為莫名被趕出家門的創傷經驗，以及母親在身體健康情況下，卻說自己快死掉的這份記憶，讓他一直很有危機感與不安。害怕自己被遺棄，也害怕母親真的去世而拋下他。

同時，在自己觀感中的父母，也是容易受他人影響，甚至有脆弱或無所適從的感覺，加上從小因為自己是大姐而被連坐處罰，使他經常受到委屈都不能說出來，即使說出來也可能還是會遭到處罰。因此，他在外面遇到了勒索跟騷擾只能往肚裡吞，經常默默承受很多事情。

從小最容易出現的情緒是無助與害怕，這讓他在面對很多新事物時，常會感到強烈的不安，日子過得非常謹慎也善於察言觀色，並且戰戰兢兢地做好每一件事情。

由於深知沒有後援協助和依靠，很多事情只能靠自己完成，也要求自己要把事情做到最好。沒有獲得肯定與誇讚，又因害怕被遺棄的感覺，讓他經常過度付出與犧牲自己，忽略自己的需求，在關係中被剝削、被占便宜。

因此，B女在探索時間軸時，開始去意識到他重複發生的事件元素有莫名被處罰、被遺棄等等，而帶給他重複的情緒則是無助和害怕，讓他必須在生活中繃緊神經，並且謹慎地討好或安撫身邊的人，造成關係裡失衡的困境，最後帶來自己身心上的失衡，甚至失去對生命的希望。他終究讓自己停下，重新審視自己，也回頭照顧那個不斷付出又渴望獲得認可的孩子。

個案自述：

大概八歲時，表姊有一次量血壓意外發現我的血壓好高。他立刻跟我媽說這件事，但我媽只回答：「小孩子血壓本來就比較高……」

而國中有了升學的壓力，我每天照三餐流鼻血，一流就是半小時。看耳鼻科找不到原因，醫生推測是鼻腔皮膚薄，所以容易破，沒辦法治療。

直到國三，我時常頭痛到受不了，醫生檢查發現是高血壓，但卻檢查不出原因。所以，從國中起，我就開始服用高血壓藥，流鼻血的次數也減少許多，但都一直無法控制在正常值。進入職場後，每一次健檢血壓也都是紅字。

三十三歲時，我接受了心理諮商，開始理解這一切，也接觸到「內在小孩」等課程。十月份的公司健檢，是我第一次血壓在標準值。以前即使有吃血壓藥都還是紅字，但這次卻不同了。

因為血壓藥通常劑量只會越來越高，但我卻能開始減輕劑量，醫生也覺得不可思議。

進一步自我探索方式：

1. 請找到你信任的朋友，去說出你生命的故事（記住：聽者只需要專心地聆聽即可，不用給任何意見，讓說者可以在過程中自由地探索自己、輕鬆地說故事）。
2. 在你的生命事件中，是否有些事件有重複的元素？
3. 你最常出現的情緒是什麼？
4. 你是否看見這些事件和情緒如何影響你與人相處的模式？

請就這四個指導語進一步去探索。如果有人陪你一起討論，他除了傾聽之外，也可以幫助你去挑選出他所看見的重複元素，更可以幫助你深刻地意識到情緒；如果你想要自己探索，那請在每一個生命故事的述說裡，多停留一點時間，去感受說故事的過程中，是否有其他情緒冒出來，並詳細記錄下來。

在工作坊中，我常會邀請成員去幫其他夥伴「補情緒」，也就是補充當事人沒有經歷完或感受到的情緒。

有時候，我們會經常為一些事情感覺難過，有人則會感覺憤怒。這很有趣，因為我們所遺失的情緒，很有可能是療癒的關鍵。而遺失的情緒往往與家庭文化有關，可能大人以權力讓孩子不能生氣，孩子只能滿腹委屈和難過，難以伸張自己的聲音與感受。

憤怒的功能在於，可以發聲與捍衛。而失去保護力的孩子很容易在同一件事裡跌倒、受傷。在一般的經驗裡，「憤怒」是最容易被遺忘，或不敢展現的情緒。但當我們沒有在事件中充分經驗完情緒，或是沒有讓因為事件引起的情緒流洩完畢，它就會陰魂不散地在我們身上，徘徊不去。讓我們每次想起某一段經驗，都會有「放不下」的感受，因為你的情緒卡在事件中了。

例如，有些人在回想起分手時，心裡會有很強烈的失落感、委屈與傷心，並且充滿了糾結，自責如果當初自己再多做一些、再溫柔一點，事情也許會有轉圜。

然而，我們看見當中遺失的情緒往往是「憤怒」時，卻會想：到底有什麼好憤怒的？憤怒對方不跟自己在一起？或者，憤怒老天爺這樣的安排……這些都是憤怒的一種形式。

當我們沒有表達出自身的憤怒，憤怒就會向內開始自我攻擊或否定自己的價值，化為強烈的自憐與自怨自艾。但若憤怒可以被指認出來，允許我們自己對於分手感到憤怒，或者生命安排感到憤怒，**情緒就會流動了，事件才有機會真正地被放下**。

關係向來都是共構的，你的反應會牽動他人的反應，又再次影響你的行為，進而衍生出一系列關係的互動。因此，當我們可以看見自己在關係中的模式，像是，一個無法生氣的人，或者早期經驗中影響我們的情緒和元素，將有機會改變我們面對關係的態度，無須因為不安全感而害怕失去關係，或在關係中委屈求全。

當我們在探討「重複」的主題時，其實會發現，重複發生的事通常是要我們學會面對，以及處理生命中的課題，它會以相似的情境和情節來挑戰我們，讓我們出現相似的情緒。如果我們沒有學會，就會陷入循環中，直到我們的痛苦積累到覺醒為止。

在生命事件中，有幾個類型很常見，也讓很多人深受困擾。以下，就讓我們來看看重複事件所帶來的影響有哪些：

1.分離或遺棄

小時候體驗到分離的經驗時，會讓孩子感覺到被遺棄，例如：父母離婚、寵物過世……等等。孩子在當中會經驗到失落、傷心與恐懼，害怕會有更多人不見，或者傷心自己被留下來，也可能因原本家的樣子不存在了，而感到失落。這些對孩子來說，是既龐大又不知道如何面對的感受。

曾經有個女孩告訴我，從小到大他一直有環境適應的困擾，經常感覺自己好不容易適應環境，又要被迫離開。而在探索的過程裡才發現，他小時候由祖父母照顧，直到六歲左右。當父母經濟寬裕後，才把他和姊姊接回去。

他跟著不熟悉的父母在一起，即便知道父母很開心看見他們姊妹，心裡卻因為陌生而感到恐懼。他原本的安全感是來自祖父母，卻在那時被迫斷開。在他心裡只剩下姊姊是唯一熟悉，卻不一定能保護他的對象。這樣依附的斷裂感，讓他開始覺得世界充滿危險，且有著不信任感。而當時沒有人可以理解他的害怕和失落，因為所有人都認為，他理所當然地回到家裡了，這應該是一件開心的事。

自此，他總是容易經驗到分離，好不容易適應環境之後，周圍又換了一批人。由於失落一直是他無法處理的感受，在他人認為正常的換班級、畢業等成長中必經的路程裡，他特別覺得焦慮且無助。

這樣往往會為個人面對關係時，帶來兩種可能性：**一種是害怕失落感出現，而對關係緊抓不放**，以為只要一直有人陪伴自己，就不用承受失落。當然，也可能透過同時擁有多段關係來避免連結感的斷裂，而很可能在關係中感覺到自我的混亂，因為「失落感太可怕了，我不要獨自面對，最好不要感覺到它的存在」。

另一種則是被失落感擊潰而出現無助，甚至無望的狀態，對關係感覺可有可無。對他們而言，已經造成「反正不管怎麼樣你們都會離開我」的信念，很容易在關係中讓人感受到難以突破的心防。

面對這種情況的不安全感，需要回到最初的分離或感受到遺棄的情境裡，去好好安撫那時候受傷的小孩，陪伴那股強烈的悲傷和失落，而逐步讓自己清楚，小時候的生活已經回不去了（以上述的例子來說，就是無法再回到祖父母身邊生活）。

當我們可以釋放過往的痛苦，才能有辦法看見「現在」，也看見一路以來陪伴在我們身旁的人，重新看見他們對自己的付出，並且重新肯定自己將會是接下來陪伴自己，面對環境變動的那個人。

2. 衝突或冷戰

大人之間的爭吵，還有他們臉上的表情和情緒的展現，對孩子而言都是巨大的衝擊。有的孩子會在過程中覺得自己有責任要做些什麼，而有的孩子則是躲得遠遠的。

覺得自己有責任介入大人的孩子，往往會成為父母之間的橋梁或傳聲筒，試圖安撫大人，而不自覺在關係中變成「討好」的角色。因為，他會害怕爸媽爭吵後兩人分開，而他必須選邊站，也對於衝突即將發生，感到焦慮無比。所以，避免衝突最快的方式就是不說出自己的聲音，或習慣妥協。

不過，這並沒有創造出幸福的關係，反而在關係中委曲求全，容易看不清自己的價值。這是由於他們很容易在自己扮演的橋梁角色中，看見自己怎麼樣都無法停下父母的爭吵與矛盾，因此容易自我否定。

另外一種不介入的孩子，也許曾經介入過卻深深感到無助，或厭惡自己的無助而想要保持距離，不再涉入家庭事務。

雖然表現疏離，但這在心理學上其實也是出於無解的情緒糾結，而盡量避免接觸。這樣的孩子在關係中容易與他人保持距離，將人隔絕在外。因為他們內心害怕再度受傷或接觸到自己無助的感受，也會厭惡在關係中的自己或對方有情緒波動。往往當情緒的張力一產生，就會想要逃避或退出關係。

很多人在已經為人父母後，都會在自我探索中越發焦慮。這是因為他們更深刻地意識到，原來童年的傷痛對自己的影響如此深遠，開始反思自己對待孩子的方式，進而有了很多自責與擔憂的感覺。

可是有時候生命的安排裡有些必然的傷，是我們也是孩子需要去經歷的。而受傷並不全然會帶來脆弱，有時可以帶來成長，或是個人自我中心的感受破滅而帶來轉化。例如：不斷被寵溺的孩子，發現父母無法滿足自己所有的需求，一開始會因為被拒絕的受傷感而憤怒或暴跳如雷，到後來開始開啟感同身受的能力，也轉化自己對他人的態度。

因此，有時候，在我們生命裡，傷痛的來臨或許讓人措手不及，但也教會我們許多事。只要我們願意去感受，願意去探究，都可以成為成長重要的養分。

在下一個步驟，讓我們一起更深入地解讀在時間軸上的每一個重要事件，讓它們在被療癒的過程裡，不再是生命的負擔和累贅，而是豐富生命的滋養。

重要事件的解讀

自我探索方式：

❶ 挑選時間軸中其中一件你想要深入探討的事件。

❷ 你覺得當時的大人怎麼了？他們的想法／心情／情境？請盡可能描述與感受他們的狀態。

❸ 你當時的心情／想法／感受？

❹ 你現在的心情／想法／感受？

請就這四個指導語，讓自己在一個安靜不被打擾的空間還有時段中，去深刻地思索與體會自己與大人的狀態。

當我們完成前一步驟的生命軸繪製，深刻地體會我們生命事件中痛苦的感受。下一步，我們可以在傷痛釋放後，重新思考和解讀我們的傷痛。

這個部分的主要目的在於，幫助我們換位思考，以及拓展當時的覺知、經驗和脈絡。有時候，當我們深陷在自己的創傷和痛苦時，是看不見他人的痛苦和難為之處，因此讓我們陷入對他人的指責和誤解裡，進而讓我們排拒、疏離他人，甚至用言語和行動懲罰他人。

我曾經遇過一個案例，一位三十歲左右的女性在工作坊中，說到自己的故事——

他記得，小一時，在客廳的小桌子上寫回家作業，寫著寫著開始覺得無聊（小一的孩子注意力很難持續太久），看見桌子旁的電視遙控器，想也不想地就拿起來按下「ON」，轉到卡通頻道。

這時，於廚房忙碌的母親因為聽見電視機的聲音，就一手拿著鍋鏟、一手拿著菜刀從廚房裡衝了出來，對著小女孩歇斯底里地怒吼。

「我當時真的很害怕，沒想到看電視會讓媽媽這麼生氣。而且，我好怕他失控時，菜刀會往我這裡飛過來……」他餘悸猶存地描述當時的畫面。

小女孩趕緊關掉電視，繼續寫自己的功課。而發完飆的母親進入廚房後，仍發出劇烈的廚具碰撞聲，小女孩則顫抖地寫完功課。

當他回憶起這一幕，眼淚在眼眶裡打轉。他感覺，每次回憶起這幕都令他痛苦，不知道自己做錯什麼。似乎也從那時開始，他覺得母親捉摸不定，想靠近母親卻又害怕他的情緒，看見他的辛苦又覺得自己無法幫上任何忙，只能認真獨立地完成自己的事，但一直覺得自己沒做好，又要惹人生氣了。這就是一件受傷又深刻的事件，得以逐漸形塑出個人的自我概念與自我價值。

接著，在探索的過程中，他驚訝地發現，其實家庭成員的組成在當時有些不同。他記得，小時候上幼稚園時，家中只有爸媽和哥哥，但到了小學，多出了祖父母。而祖父母一直都很疼愛他跟哥哥，所以他很喜歡跟祖父母相處。

不過，當祖父母來了之後，父母開始變得不怎麼親近，甚至母親也沒有同桌吃晚飯。但明明就是母親煮好一桌的飯菜。

他逐漸意識到，祖母有時會在他面前有意無意地說母親的不是。而小小年紀的他，心裡因此種下對母親排斥的種子，害怕著母親也更不願意靠近。

他一直都知道母親有婆媳問題，而祖父母也在他小學三年級之後搬到大伯家居住。母親嘴裡總是唸著，他們兩老就是比較疼大兒子。心裡有很多不平的爸爸則迴避這個話題，或者有時還會因此跟母親大吵一架。

當他可以看得更清楚，母親身為媳婦，而且還是不被喜歡的媳婦，加上家庭主婦的角色必須要照顧好全家，又需要看好孩子的功課，肩負所有的責任卻不被認同與感激，只有滿滿的壓力和批評，使他更可以理解，當時母親的歇斯底里中，有多少的辛酸和委屈，在家中承受的怨懟只能往孩子身上排山倒海地灌注。

他感受到心中有股暖流流動，在母親的辛苦背後有其堅強和付出，也開始去清除祖母在他心中對母親的評判，用更清澈的眼光來看待母親。同時，他也更能夠停下來看看自己，停下總是懷疑自己、批評自己的聲音，更停下來看見自己的認真和努力，擁抱內在受傷與脆弱的小女孩。

以下，就讓我們來看看其他案例分析：

重要事件的解讀——A男

◎發生什麼事？

小一、小二時爸媽爭吵劇烈。爸爸帶我驅車離家，媽媽甚至拿菜刀出來阻止，但被家中的工人阻擋。

◎你覺得當時的大人怎麼了？他們的想法／心情／心境？請盡可能描述與感受他們的狀態。

大人們憤怒、歇斯底里、失去理性，想分出勝負，玉石俱焚、無法消化的怨氣，吵不過了，就用孩子宣示主權來取得勝利。一不舒服就是發動攻擊（我被當成父母的戰場）。

◎你當時的心情／想法／感受？

害怕、無助、難過、驚恐、慌張，想要一個安全環境，被安慰、被愛、想要有人跟我說：「沒事的，我會保護你」。我不知道這世界怎麼了，好像瓦解了。為什麼我的父母變成這麼可怕的人？不知道該怎麼辦，誰能保護我？

◎你現在的心情／想法／感受？

遺憾、難過、不解、不能原諒，只有單純對父親生氣（覺察到小時候那些感覺一直存在心中，無助）。

在A男的解讀裡，可以看見他對當時的經驗還是感到強烈的衝擊。對於爸媽爭吵的無力感，大人的戰火經常延燒到他身上。身為男性的他被重視著，卻也經驗被大人爭奪的痛苦。渴望被家人保護，但看見大人陷入自身的痛苦中，而失去理智。

然而，我們總是容易同情弱者。因為父親的暴力，男孩與母親很親近。但母親即使努力保護他，卻仍保護不了。

父母劇烈爭吵與世界瓦解的經驗，男孩到現在還是感覺到一股情緒或情感的隔閡，難以深刻地進入自己的世界與他人的世界。他夾在父母的衝突之中，心裡也有激烈的憤怒和傷痛，使得他需要痲痹自己，並以理性來阻隔情緒，讓自己感覺比較安全。

他身上的情緒除了父親施暴的傷痛外，還有目睹在父母爭吵裡，母親所承受的痛苦。兩種加乘的痛一直持續發生和累積，不斷強化他心中對於父親的憤怒，令他難以原諒父親。

因此，男孩在探索的過程中，所經歷的情緒起伏的矛盾和困惑，也是他在成長的路程上需要去面對的。唯有透過情緒的感受，慢慢開啟通往自己內心的旅程，才有機會療癒受傷的小男孩，才有能力體悟父母的傷，進而理解和原諒當時的大人。

接下來，讓我們看看左圖，在B女的解讀中，我們可以接觸到他內心的痛苦跟受傷，也深刻體認到身上的不公不義，更感受到當時被晾在那裡的無助、渺小與羞愧的感受。

重要事件的解讀——B女

◎發生什麼事？

在排隊玩遊戲，但表弟插隊。在家族聚會上，因為自己是最大的孩子就斥責姑姑的孩子（表弟），因此被媽媽衝上來打巴掌。

◎你覺得當時的大人怎麼了？他們的想法／心情／心境？請盡可能描述與感受他們的狀態。

媽媽：那是姑姑的小孩，又是男生，居然還在大家都在的場合起爭執？大家都在等我怎麼管教小孩，這麼不懂事！要做給別人看，免得被說閒話。
爸爸的前女友是姑姑的好友，所以媽媽很在乎（有種不能輸的感覺，要教好小孩、幫助老公），也覺得他們的看法很重要。而且對方又是男孩，更要小心。

◎你當時的心情／想法／感受？

不知道做錯什麼事，覺得很困惑。在大家面前覺得丟臉，也不知所措。接下來，我要繼續玩？還是在旁邊站著？但大家都視若無睹，像是沒發生任何事般地聊天。我感覺自己是在不同的空間，被排除了，感覺詫異、感覺渺小、自己不重要。

◎你現在的心情／想法／感受？

小孩很可憐，應該被理解。大人表現出不分青紅皂白、不成熟與不信任，隨意傷害小孩，只為了他的面子而生氣。大人會覺得，那是個表現出他們自己的機會（表現出我會管教小孩的樣子）。

同時，他也體認到，父母在家族中的地位，還有過往大人們的「歷史」影響著他們在親戚中對待孩子的方式。

在他細緻地理解父母的行為裡，看見大人的武裝和管教下，他們的害怕與無奈；他也更細緻地理解自己內在層層疊疊的感受，反而能更貼近自己的內在小孩，去深刻地感受過往的痛。同時，他也已經有辦法在理解傷痛之後，給自己一點方向去面對自己。其實，他的內在開始有力量了。

在經過這個練習後，可能會有以下幾種反應：

1. 更為釋懷

因為你會發現分析與解讀之後，讓你有機會從大人的視角去看待事情，從而看清他們在讓你感覺受傷的情境裡，有他們無法抵抗的為難。有時候，可以讓你的心情更為釋懷，就如同「養兒方知父母心」的感受。

2. 更為憐憫

有的人在練習完會告訴我，他們突然感覺大人真的很苦，真的有他們不得已的苦衷。而自己怎麼還待在這裡感覺受傷，像是長不大的孩子，開始責難批評自己。

若你有這種感覺，請注意，你可能掉入「比較他人與自己痛苦」的情境裡。你需要去反思，是否總把別人的感受看得比較重？經常忽略自己的心情、更忽略自己的痛苦，而讓受傷的自己難以被療癒。

當你能夠憐憫自己，同時憐憫身邊的人，這樣的愛才有機會持續流動。

3. 沒有用

經過這個練習，有些人可能會感到挫敗地發現：「我就算這樣『分析』與『解讀』也沒有用，我對他們還是有很多事情無法原諒啊！」或者，「這些事情我都知道了，但我還是很受傷」。

親愛的，如果你有這種感覺，那是正常的。這意味著，當中的事件還是有很強烈的情緒，讓你仍停留在原地。甚至，你會發現，你根本抗拒去解讀和分析有些事情。那代表受傷的感受過於強烈，而你反倒需要去正視你受傷的經驗，讓自己在受傷的感受中停留，它才有機會真正被療癒。

記住，那些你覺得抗拒的事，很可能會在探索時帶來強烈的情緒起伏。因此，如果能夠找到信任的人陪你探索和討論，更能增加內在的穩定和安定感，也更有辦法深入地療癒自己。

4. 同理自己

這個練習最重要的目的，是增加對自己情緒的理解和包容。

很多時候，我們的傷痛過不去，不只是因為無法原諒外在的人事物，更多的時候是我們無法原諒自己和釋懷。

而當事件的解讀裡多了我們對自己的心疼與理解，是非常重要的療癒過程，讓我們在療癒不安和傷痛中，也拓展我們的世界與感受能力，能夠理解更多的傷痛，進而去理解那些讓你感覺受傷的人。

其實心理諮商也是使用這些相似的問句來進行，透過受傷事件的討論，一次次地深入感受自己與他人，也在討論裡將你當時沒有說出口的話說出來、沒有流的眼淚哭出來。

然後，在這過程當中感覺越來越輕盈，下一次提起時，也會少掉許多糾結的感受。所以，你同樣能透過這個練習去檢視。也許，你在解讀中對很多事情會感到豁然開朗。

但當你發現，有些事你略過不願解讀，或者即使解讀了也沒有任何幫助，那麼你可以透過下一個階段中的「內在小孩冥想」來幫助自己，透過重新身臨其境的方式，重新看見與理解自己，再透過這份理解與心疼，好好擁抱與療癒自己。

以下冥想建議搭配音檔一起進行（掃描 QR Code 或上：https://ruby.fm/mind_beauty/2 即可聆聽。冥想時可自行搭配靜心音樂，更能進入狀況）：

內在小孩冥想

在進行內在小孩冥想時，可以讓自己處在一個安靜不被打擾的空間，放鬆自己的身體，卸下身上的眼鏡、手錶等，讓自己盡量放鬆，可以讓身體輕鬆靠在椅背或床頭，但避免躺在床上（避免過度放鬆就睡著了）。你可以先為自己設定一件你想要回溯的事件和畫面，或者就是輕鬆地順著引導，進入畫面都行。

以下是冥想的引導語：

「深呼吸　吐氣　再呼吸　吐氣

每一次的呼吸　都讓你自己更放鬆　更輕鬆

每一次的呼吸　都讓你自己更自在　更安在

放鬆　你的身體

放開　你的思緒

輕鬆了　自在了

想像你的頭頂有一道光環

從你的頭頂　輕輕地　向下移動

光環所到的地方　你感覺無比地輕鬆　放鬆

光環像掃描一樣　來到你的臉部　脖子　肩膀

緩慢地向下移動　到你的手臂　胸口　到你的腹部　腰部　臀部

再慢慢來到你的大腿　膝蓋　小腿　一直到你的腳掌　腳尖

你感覺光的掃描　從頭到腳

你感覺無比地放鬆　輕鬆
現在　你感覺自己走在一條黑暗的道路上
你踩著堅定平穩的步伐　一步一步向前走
身旁黑壓壓的一片　你依舊感覺安心　信心
你就是向前走
遠遠地　你看到遠方有一絲光束
你循著　這道光束慢慢地走了過去
走著走著　你距離光束越來越靠近
走著走著　你縱身一跳　穿越了光束　來到另外一個世界
你看著周遭　你看著這充滿了光亮的世界裡
遠遠地　你看見了小時候的自己
你就是遠遠地端詳著他
他的頭髮　他的表情　他的五官　他的穿著
你細細地看著他

這時候　你看著身旁的大人　你看著孩子跟身旁的大人互動著
你看著　在互動中小孩臉上表情細微的變化　你都看見了
你看見　他們正在發生的事情　你都知道了
遠遠地　你看著他們的互動
這時候　你看見大人的身影逐漸變淡　變得越來越模糊
慢慢地　大人的身影　消失在畫面當中
只剩下你　和小時候的自己
慢慢地　你朝著他走了過去
走著走著　你循著他的高度　慢慢地蹲了下來
你都看見了　你都知道了
你知道孩子身上發生的事情
你清楚孩子的心情
你瞭解他所有所有的感受
孩子看著你　你看著孩子

現在　你可以對孩子說任何你想要說的話
你看著孩子　在你說話的過程裡　臉上細微的變化
你心裡頭　有好多好多的感受
現在　你可以對孩子做任何你想要做的事情
在你做完之後　你依舊看著孩子
你的眼神充滿了理解　充滿了關懷　也充滿了心疼
因為你是最清楚孩子發生的事情
你牽著孩子的手　慢慢地站起身
你告訴孩子　你要帶著他一起離開
你告訴孩子　你想要給予他　更好更棒的生活
你也告訴孩子　你想要一直陪伴著他
孩子回握你的手　似乎在告訴你的　是我一直在等待這一刻
你牽著他的手　你們一起縱身一跳
從光亮跳入了黑暗的步道中

你們一起走著　有說有笑地走著
在回來的路上　你牽著他的小手
感覺他慢慢地在你的手中縮小了
你感覺他越來越小　越來越小
小到孩子只有你手掌心的大小
好小好小
你將你的手　慢慢地放在胸口
你跟孩子永遠在一起了
孩子永遠在你心裡了

好
當你準備好了
你可以慢慢地張開眼睛　回到這裡來」

從他人身上看到自己

自我探索方式：

❶ 反思最近安慰他人的情形。

❷ 通常都用什麼樣的方式安慰或陪伴他人？

❸ 在他人的情緒呈現中，你內在的感受是什麼？

在工作坊中，我會讓學員彼此練習扮演小時候有情緒的自己，通常是不開心、鬧彆扭的自己，有時是恐懼害怕的樣子，有時則是傷心難過的模樣，有時是悶著不願說話，有的是不斷顫抖。而讓其他學員扮演孩子身旁的大人，試圖去安慰有情緒的孩子。這樣的角色扮演總是會讓學員在現場就感受到衝擊，更直接知覺到自己對這些情緒的反應。

我會讓學員試著用創意去靠近孩子，想方設法幫助孩子離開那個充滿情緒的情境，而不是透過吃東西和出去玩等方式引誘孩子「轉移注意力」，是真的讓孩子感覺到被懂與被安慰，感覺到情緒已經過去。

有幾種常見面對有情緒孩子的反應：

1. 理性面對：這是最常發生的情形，也是我們成長與社會化歷程中必然發生的階段。

「你怎麼了？你要說啊！不然我們怎麼會知道？」（用理性掩蓋面對情緒的焦慮）

「事情沒有這麼嚴重，不用這麼難過啊！」（小事化事情的嚴

重性，同時否認他人主觀情緒）

「事情發生了我們就要面對，想辦法解決它。難過沒有用啦！」（標準教條，同時標籤了難過無用論，為難過定罪）

通常，在理性之後，大人會感受到強烈的挫敗。當我們總是試圖去分析情緒怎麼來的時候，會忘記孩子其實有時根本無法回答，也搞不清楚自己的情緒。大人的態度會不自覺地轉為憤怒且不耐煩。由於討厭情況失控，開始對孩子施加壓力。孩子則學會壓抑自己的情緒，覺得情緒是不好的，更是挫敗無助。當孩子有情緒時，思維和行動都會變得緩慢。而大人過度理性的陪伴，卻會阻斷孩子情緒的感受力。

2. 情緒隔絕：這是一種失去感受力的狀態。有時候會用超理智的方式呈現，如同前述的狀態，會經常性否認或忽略情緒的存在；有時候則是身體行動上逃避，他可能會面無表情地待在原地，等著其他人去安慰小孩，即使孩子在他面前反應激烈，都不為所動。會有這樣反應的人，很可能在自己孩童時期展現情緒時，被大力拒絕或羞辱過，而讓他深信有情緒是不好的，所以隔絕自己的悲傷、憤怒或委屈……等，最後甚至連快樂都感覺不到；又或者，家中有人總是帶給旁人情緒上的壓力，以情緒脅迫他人或經常情緒失控，迫使他需要拉開距離以面對或生存下來，便習慣對他人的情緒築起一道牆。

3. 憤怒厭惡：這也是一種對情緒的防衛。有時候，是因為自己對他人情緒的無能為力，變得憤怒或攻擊孩子，是種自己有著挫敗感的展現；有時候則是孩子的情緒引動他小時候那種無助和脆弱的狀態，讓他想極力隱藏，因此有強烈的厭惡感。所以，他在別人身上看到自己，極力渴望丟棄那部分的自己。

他們所攻擊與厭惡的，向來都是自己身上的影子。而他們也無法容忍自己有脆弱的片刻。這些人也許會在自己的事業上有一定的成就，但在情感關係裡卻經常面臨很大的挑戰。因為，他們有本事逼迫自己努力向上，但在關係裡卻因無法呈現脆弱，也難以支持他人遇到生活困境時的無助和脆弱，而使得身旁的人感覺受傷。

4. 恐懼害怕：我們會對於某種特定情緒的展現，感到震懾或停格。雖然，多數人在工作坊裡會說：「我跟他不太熟，不知道該怎麼安慰他。」當然，這是我們社交禮儀上的正常反應，但更多的，還是由於我們對自己能做些什麼感到懷疑，或者害怕自己做了之後，他人會有更大的情緒反應。很可能是你害怕他人的傷心難過，若自己說了什麼，讓對方更傷心怎麼辦？也可能你害怕他人的憤怒，要是自己靠近，對方更生氣怎麼辦？

這包含了我們對情緒的錯誤認識，認為是因為自己而讓對方情緒更為激動。但其實，更激烈的反應是因為我們觸動了對方，讓對方更承認自己情緒的結果。

在情緒歷程裡，這是很棒的接觸，也幫助到對方釋放情緒。而我們的恐懼之中，往往摻雜著過往的經驗，可能曾經需要為別人憤怒和悲傷的情緒來負責。他人的情緒可能讓你充滿歉疚和罪惡感，有時讓你急著想安撫對方，有時卻又讓你畏懼到不知所措。

5. 嬉笑面對：這種情況通常發生於，在家中扮演開心果的角色者。我會說這種人具備「場控」特質，很有本事逗別人開心，轉化他人的情緒。他們一旦偵測到現場氛圍不對，就會開始使勁讓氣氛變得緩和。團體中有這樣的人是幸運的，因為他們總是有辦法讓人破涕為笑。不過，他們往往最不會表達自身情緒，除了擅長隱藏自己之外，也經常讓自己承受很多人的情緒壓力。

這樣的人其實很容易忽略自己。自己的情緒若帶來氣氛的改變，是他們無法容忍的。所以，他們會把自己放在很後面的位置，習慣把別人擺第一，而將自己的不開心藏得很深。在開朗的面具下，是自己不願意面對的孤單和憂鬱。如果你是這樣類型的人，就需要去深思一路成長的家庭氛圍。有些人是天生會搞笑，有些人則必須要搞笑。假使你發現自己是後者，就需要花更多的時間來照顧自己的情緒。

親愛的，看了這麼多類型的反應，是否已經知道自己最常見的反應是哪一種了？不論你看見自己的哪一種反應，都不需要急著否定或斥責自己。

這是一個很棒的機會，讓你可以靜下心來思考自己，瞭解自己為什麼會養成這樣的模式——

1. 在兒時當你哭泣或生氣時，最印象深刻的被對待經驗是？
2. 家中最常出現的情緒是什麼？又是誰最常有情緒呢？
3. 你通常都怎麼做？

當然，你會很想知道，當有人情緒起伏大的時候，究竟該怎麼辦？看見他人的情緒起伏，往往你就能看見他們內在小孩正在渴望被照顧與被安撫。當你用以上方法面對孩子（他人的內在孩子），同時就意味著，你用相同的方式面對你自己的內在小孩，也意味著當你兒時的情緒展露時，被怎麼樣對待，你從教養經驗中學習到如何處理和面對情緒。

很多人喜歡問我，如果另一半家中有人有憂鬱症，那會不會接下來生的孩子就容易帶有憂鬱症的基因？他家中有人酗酒，會不會他的基因就是嗜酒？他父母離婚，會不會我們離婚的可能性也很高？這種現象會不會遺傳啊？

有很多研究顯示，精神相關疾病以及成癮性的問題確實與生物、體質等因素有關。然而，在心理學上，我們更常討論的，是他承襲自父母親的行為、思考與情緒模式。而很多精神疾病與藥物、酒精的依賴性和成癮性，是與日積月累的行為相關的。

當父母有人習慣壓抑情緒，在家中，情緒的流動就會被禁止，甚至不被允許討論，自然成為一種家庭文化和氛圍，形塑出個人的性格。可能，有人在剛毅木訥的外表中，是對自己情緒的疏遠；也可能有人看來平靜乖巧，但經常會在夜半磨牙或被噩夢驚醒。清醒時候的意識不允許情緒流露，但在半夜裡潛意識運作時，就會需要大量釋放出累積的情緒。所以，你可能渴望尋求最適合的方式來對待情緒，而在這過程中你將會遇到層層阻礙。因為，當中有太多我們身上對情緒的標籤、制約和慣性。你會發現，自己很難坦承又平靜地面對情緒。有時候，你根本不想承認你有這些脆弱的情緒，甚至不願意承認自己受情緒影響，但這都是正常的。

你可以這樣練習面對情緒，不論是對自己或對他人：

1. 指認情緒，說出你所看到的情緒是什麼

「被他們誤解一定讓你覺得很委屈很難過吧！」

「你現在看起來很害怕，害怕的感覺一定很不舒服。」

「媽媽不在家讓你很想念他吧？」

「他沒有回你訊息讓你覺得被忽略了？是不是有點孤單？」

通常，當我們的情緒被說中時，會有一股腦兒的情緒蜂湧而出，可能會開始流淚，也可能反而覺得緊繃的神經鬆了開來。很多孩子小時候並不懂得自己的情緒，會感到侷促不安。但其實，他們很渴望有人告訴他可以怎麼做。

這樣的侷促不安，在長大後會成為對自己與對關係的強烈不安全感。因為，他們並不曉得可以怎麼處理這些孤單、難過或憤怒的情緒。但當他被說開了，連結就因此發生，同時可以打開通道，讓人好好地看清情緒也宣洩情緒。

2. 陪伴情緒，不一定要言語，只要一種存在

在情緒孩子的練習中，當有人可以成功安撫孩子，回顧練習時一定會說：

「我覺得自己可以生氣（難過），氣（哭）完好像就沒事了。」

「他在旁邊讓我覺得安心，感覺我這樣是可以的。」

的確，情緒是短暫的，就如同快樂的感覺也是一陣子，根本不需要留在身上。會留在身上是因為，我們害怕展露它，害怕那樣會傷害到別人或自己，而誤解了情緒。

其實，**情緒的展現就是想要被好好理解**。當內在孩子用情緒展現來到你的面前，我們無法用「分析」的方式來靠近他，而是要用體會與感受，並且安靜地在一旁陪伴，讓他知道，我們一直都「在」，就能很快釋放負面與高漲的情緒了。

親愛的，我們在做的就是同理與陪伴，一種你真的可以懂，不帶任何評價的懂。當你懂你身上的難過、委屈，就有辦法懂他人的。你有辦法同理自己，

就有辦法從焦慮不安的情緒鬆綁，一步步貼近並安撫自己，也就不需要總是期待他人來幫你或照顧你，又使得你不斷對他人感到失望。

然而，即使是你開始懂得安撫自己的情緒，也開始懂得不安感的來源，下一階段我們要更進一步去偵測，是哪些內在語言不斷讓你感覺受傷和不安。

很多事情的確都過去了，但對生命的影響依舊如影隨形，需要我們有意識地看見它們的存在。接著，轉化便會發生。

5

安全感的
自我練習

我們都在人生的道路上前進，
道路上總會出現各種挑戰，
磨練心智、挑戰信念，
也唯有不斷自我對話的過程，
讓我們在挑戰中依舊保持心靈的穩定，
在充滿挑戰的路途上走下去。

視覺化內在大人

在進入這個單元前，可能很多人會感到困惑，內在小孩是經常聽見的說法，但對於內在大人的概念並不熟悉。而當我們想要保護和照顧內在小孩時，就需要去意識到，我們都用什麼樣的內在聲音去對內在孩子說話。

簡單來說，**內在大人就是我們對待內在小孩的方式**，我們如何回應內在小孩的需求，我們是否願意去滿足內在小孩，那個在我們內在裡面最純真、原始並且沒有社會化的聲音和渴望？

很多人在看見自己的內在大人和內在小孩後，才開始真正意識到「外面沒有敵人」這個概念。

從小到大，我們的教養中，父母對待與管教我們的方式、態度以及面對我們的情緒時，他們的反應，加上一路以來學校的學習經驗，會一點一滴形塑與內化成為我們在面對自己某些行為上，自然會出現的聲音和反應。

所以，這也是為什麼，曾有學員說：「其實父母早就不在我身邊。我也已經不需要像小時候那樣辛苦為了拿到獎學金念書，可是我這幾年才發現，只要我一放鬆想休息，就會有強烈的罪惡感。我覺得，這樣的想法很自私，我都無法放過自己，所以在我放大假的時候，都是已經病倒住院的時候了……」

我們時常以為敵人在外面：如果我沒認真工作，父母會對我失望，另一半會指責我，老闆會把我開除……等等，將這些人的期望背到自己身上，卻忘了自己才是那個最嚴厲的監督者，是那個最不滿意的人，也經常是把自己罵得最兇的人。

因為標準過高，讓自己對他人的評價過於敏感，所以當真的「外面有人」對自己所做的事情評論時，會更感覺無力、焦慮和受傷。外人的聲音就能成為內在聲音的放大版，但你不知道的是，**不斷消磨自身尊嚴與價值的，是你內在的聲音**。

你都對自己說些什麼？

1. 當你要準備面試新的工作／擔任新的職務時，你最常聽見自己說些什麼？
2. 當你感覺被罵／做錯事情時，你最常聽見自己說些什麼？
3. 當你感覺不被愛／不被重視／被排除的時候，你最常聽見自己說些什麼？

試想看看，當你面對這些問句時，腦海中第一個閃過的回應是什麼？也可以想像最近發生的情境中，你的反應為何？

讓我們一起來偵測與回憶內在的聲音，邀請你一起來誠實面對自己的內在劇場。不論你對自己說出什麼，都請你詳實記錄下來。

有時候我在進行較短期的課程時，或者參與者是被要求來上課的族群，就非常容易在對話中出現許多正向思考。

接著，我會詢問：「當正向思考之後，是否有讓你們覺得比較輕鬆舒服？晚上睡得好嗎？」

這時會有學員愣住，發現好像自己的內在聲音在交戰，才又再度埋首感覺這些問句裡是否有其他聲音。

其實，當我們面對內在的聲音時，是會有阻抗的。它是我們太習以為常的內在機制，我們往往只看見「做錯事」的行為，可能會招引他人對自己的指責而心情開始鬱悶，卻忽略了看待「做錯事」這個本身，甚至只是「感覺做錯事」時，我們內心的機制便會牽引出過往的傷痛，而那傷痛黑暗得令我們無法直視。所以，很多人都會鼓勵用正向思考的精神來面對事物，卻發現有很大的困難。這往往是因為，我們並沒有真正理解內心為何有那麼多「黑暗」的聲音，帶來「黑暗」的情緒。**努力正向思考的「光明」並無法驅除內心的黑暗，反又讓人陷入另一股黑暗之中**。

現在，讓我們來看看案例所呈現的內在聲音。

你都對自己說什麼——A男

◎當你要準備面試新的工作／擔任新的職務時，你最常聽到自己說些什麼？

你沒準備好。

好煩。

要更努力證明自己，我要達到如何標準才是好、才是成功？

◎當你感覺被罵／做錯事情時，你最常聽見自己說些什麼？

難過、自責，為何我沒有做好，是我如何如何就不會如此。

不斷鞭打自己，我怎會犯這樣的錯誤，對自己感到生氣。

◎當你感覺不被愛／不被重視／被排除時，你最常聽見自己說些什麼？

一定是我哪裡不夠好，他才離開。

如果更好一點，就能改變什麼。

一定是哪裡我輸給了別人，所以才會分手。

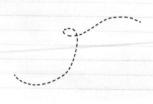

你都對自己說什麼——B女

◎當你要準備面試新的工作／擔任新的職務時，你最常聽到自己說些什麼？

要好好把我這個機會，去網路上蒐集資訊，問清楚有沒有考試？考什麼？

找前人準備的資訊，能準備就快好好準備，要問清楚自己的權益，好好加油！

◎當你感覺被罵／做錯事情時，你最常聽見自己說些什麼？

天啊！我怎麼會犯這樣的錯？

當時你在幹嘛啊，怎麼沒意料到，下次絕不可以再犯這樣的錯！

要預防、要記下來，接下來該怎麼處理才好？

多想幾個方案，自己邊想邊說，邊確認有沒有漏洞，再決定用哪個方案，並全力執行。

◎當你感覺不被愛／不被重視／被排除時，你最常聽見自己說些什麼？

為什麼不愛我、不重視我？為什麼好像在排擠我，是我做錯了什麼嗎？

是不是我做得太少了，要再做更多才行，要做對方喜歡的事才行。

一般而言，安全感出現狀況者內在聲音會充滿了對自己的負面批判——

1. 批評：「你怎麼可以把事情做成這樣啊？你真的很糟糕耶！」
2. 懷疑：「你真的可以嗎？這件事很困難耶！」
3. 否定：「你以為你是誰啊？你怎麼可能把這件事做好！」
4. 無助：「啊！沒辦法、沒辦法啦！這件事沒救了！」
5. 威脅與恐嚇：「你沒做好就慘了，什麼都沒了！」

一旦內心出現這些聲音，我們身上就會有很強烈的焦慮、不安，使我們很難沉著面對事情，也因此更容易出錯，更容易應驗對自己所認定的「你就是什麼事都做不好」的假設。這些負面聲音的認定，通常是經年累月下來，成為對自己的標籤，也更難擺脫缺乏安全感的狀態。

理情行為治療（rational-emotive behavior therapy; REBT）之父亞伯特・艾理斯（Albert Ellis）就在情緒ＡＢＣ理論中提到，激發事件Ａ（activating event）只是引發情緒和行為後果C（consequence）的間接原因，而引起行為的直接原因則是每個人對激發事件A的信念B（belief）所導致的。

所以，缺乏安全感（C）這樣的感受，往往是因為內在有很多對自己的非理性或不合邏輯的信念，像是「我不被喜歡」、「沒有人要跟我做朋友」。什麼樣的信念就會引發相對應的感受和行為，而我們通常是透過學習來鞏固非理性信念。

我們需要意識到非理性信念，明確地辨識它，並且開始駁斥或挑戰這個信念。因為，有時候這個功能有用，有時候卻沒用，只會帶來更多痛苦。逐漸運用新的想法和觀點來取而代之，才能真正修正信念，建立起安全感。

關於信念的辨識，「視覺化內在大人」將可幫助我們更容易偵測；而信念的修正則在後面的〈管理內在大人〉與〈轉化內在大人〉有更清楚的介紹。

因此，就拿「被排擠」這件事來說，當一個人過往有過被排擠的創傷事件，就會帶給他心理陰影，同時讓他對自己的信念（B）也變成了：「我不被群體喜歡」。

如果當某天辦公室中的人在邀約聚餐時沒有找他（A），他就會解讀成：「我不被群體喜歡」，便會在辦公室中出現更為退縮或離群的行為（C），但他卻忽略了這可能是過去的陰影所帶來的信念，早讓他在人際互動中，習慣性地隱藏或消聲。

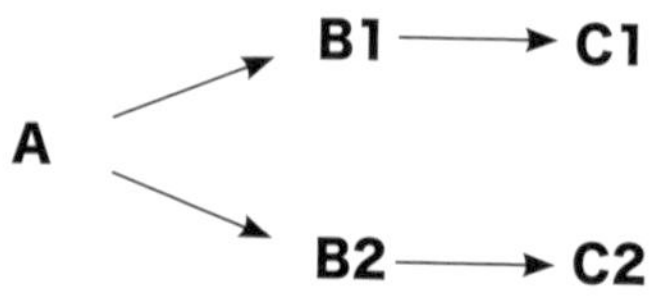

因為他擔心自己的發言不被群體喜歡，而不自覺地讓群體裡的其他人忽略他的存在。自然而然地，大家在彼此邀約時也就忘了缺乏存在感的人，所造成的結果就是，再次應驗他心中所認定的：「我不被群體喜歡」這點。這就是關係共構的現象，並非直線因果，而是因為過往的事件到今日重複發生的結果。

這樣的信念會帶來人際相處上的焦慮不安還有畏懼，有的人則容易錯誤解讀情境訊息，深信群體中有人排擠自己，或者有人對自己有惡意，但也可能是因為自己身上的信念，帶來自身行為有一種對他人不自覺的敵意或防衛，而讓身邊的人難以親近。因此，不論成長過程或者進入職場都一直重複人際挫敗的經驗。

當我們可以去理解自己面對有壓力情境時的內在對話，就能更清楚知道這些對話所帶來的心理感受，以及會引發我們做出對應的行為；當我們可以清楚地覺知到，這些聲音裡的負面訊息還有過往的創傷，就有機會修正對話，導引出不同的心境和處世風格，更能夠提升安全感。

視覺化你的內在大人

請根據前面練習中「你都對自己說什麼」的內容來想像。如果對你說這些話的是一個人的形象，會讓你想到什麼樣的畫面和人物？他的脾氣、衣著、外表、生活場景、生活方式（書寫或繪畫皆可），請幫他命名。

視覺化你的內在大人——A男

命名：成功教官。
嚴肅的個性，不太鼓勵，講求效率和紀律，不斷地要往前。
你不是想要成功嗎？
你不是想要有價值嗎？
你不是想要擁有什麼嗎？
那就趕快起來！別在這停著！
你必須再多做一點！
必須要如何才是成功！
必須要如何才是好的人！

視覺化你的內在大人——B女

一手插著腰、一手指著對方罵、擺著臉、衣著色調深、陰暗、拿著放大鏡。
脾氣壞的人，生活在角落，一直等待機會跳出來。
★ 外表：瘦弱單薄
★ 生活方式：隨時揪著眼，放大所有事情
★ 命名：巫婆
兩手張開，隨時要擁抱的人脾氣溫和、衣著、淺藍、淺粉紅。
★ 外表：豐腴
生活在有陽光、綠草、大海的地方、藍天
★ 生活方式：隨遇而安
★ 命名：天使

進一步探索自我：

❶ 你是否想變得跟他一樣？

❷ 請想像與他生活在一起的孩子，會是什麼樣的個性、狀態？

多數人在繪製完內在形象後遇到第一個問題時，答案往往都是直接肯定地說「不！」因為他們清楚看到這個形象的嚴苛與僵化，並且有許多不合理、讓人倍感壓力的狀態，所以多數人都不想變得跟這個形象一樣，但就是無法克制這些形象所帶來的影響力，以及自己必須要遵從這些話語而感到痛苦與不安。

當然也有人希望跟這形象一樣，而這形象有時是他們揣摩自現實生活中某個完美形象的代表，像是：鋼鐵人，有人認為擁有三高的鋼鐵人，為什麼不能跟他一樣？如果自己可以活得像鋼鐵人，肯定會是一件很美好的事情。

然而，事實的困難在於，鋼鐵人可能是億分之一的人選，太遙不可及的形象，只會強化內在對自己的否定，以及過度鞭策的壓力帶來的無力感，並不會幫助我們達成心中所設定的目標，只會覺得自己更一事無成。

因此，在看見自己擁有完美形象的要求與標準時，需要為自己停下來思考，為什麼心中會有如此完美的形象？

有時候，越是完美與高標準，背後可能是恐懼自己成功，而要設定一個理所當然不會達成的目標，內心有著自我安慰又自我鞭策的矛盾。

重新設定形象是有必要的，當你渴望真正的成功，也渴望跟自己的內在靠近，就需要一個讓你感覺安心又能驅動你向前的形象，在後面的篇章會有更詳細的做法。

在描述完內在不斷對自己說話的形象後，我會讓學員開始感受：「一天到晚跟這個形象在一起的孩子」會是什麼樣的狀態。當大家描述出孩子的內心狀態，都會與當事人的性格特質頗為一致。不論他們經常出現的想法、情緒或者內在狀態皆是如此。

在A男的狀態裡，我們看見的是一個無法放鬆、嚴肅、充滿框架與規矩、容易畏縮、總是很緊繃的孩子。這個孩子總是有不能犯錯的壓力、經常會自我鞭打，覺得自己不好，也不容易覺得自己有價值，情緒容易不穩定。因為總是對自己感到不滿意，在這種情況下，就容易有挫敗、氣餒跟憤怒。

而B女的例子中，較為特別的是有兩個形象，這其實在繪製的過程中有時候會發生。

開始自我成長之後，我們對自己的內在會有更多覺知，就開始能理解自己發生的事，進而給出理解和支持。不過，原本的教條和指責還是存在，因此自我成長的過程中，往往需要經歷一段雙重甚至多重內在聲音的掙扎。一開始有可能出現的語言仍是負面帶有批評與懷疑的，但過一會兒內在又出現安慰和支持的語言。這兩種聲音會共存一陣子，爭執或否定其中一種聲音的存在，都會帶來傷害，因此即使是負面聲音讓人感覺厭煩，仍需要練習去理解和包容其存在，才能逐漸降低它帶來的影響力，也就有機會感覺自己內在完全被溫暖和支持環繞。

很多人會發現，仔細一看，自己所繪製的形象是從小的主要照顧者，多數的人為父親、母親，有時候則是結合父母形象的綜合體；有時候則是影響深遠的小學或中學老師；有時候則是家中權力位階很大的親戚。譬如，就有人發現自己畫出來的是家中講話很銳利的阿姨，經常像貴婦那樣提著精緻手提包。而阿姨說話時，家中所有人包含自己的父母都要聽他說話。有時，連當事人也無法理解為什麼阿姨的形象影響自己如此深遠。

有些人則是小時候讓自己遭遇創傷的形象，像是排擠自己的中學老師，而即使脫離了中學十多個年頭，依舊用老師的形象和話語對待自己，依舊相信自己是那個應該被排擠的孩子。

然而，看見這些形象是很重要的第一步，可想而知父母的話語在日積月累的互動中，會形成我們內在的教條。而**孩童時期未處理的創傷，也會成為內在自我摧毀的武器，無時無刻發動攻擊**。

簡單來說，這個像大人一樣的內在形象，其實也是我們在社會化的過程中，外在環境所帶給我們的社會價值觀，以及各式各樣的文化、次文化、規則、潛規則，形塑出我們人格的一部分。

我們透過認識這個內在大人的人格，並學會與他相處，就能讓我們內在小孩的人格感覺自在安心，所有的內在人格就有辦法好好共處。同時，我們就有辦法使自己擁有自信與自在的生活。

在下一篇，我們將討論內在大人的人格，可以與之應對及相處的方式。

管理內在大人

常見的內在大人

由於文化與教養的關係，其實多數人身上很容易會看見相似的內在大人形象，以下列出幾點常見的狀態：

1. 製造害怕情緒且鞭策驅趕的內在大人

在講求物質主義與升學文憑的觀念裡，這類型的內在大人總是很會鞭策與驅趕，要求我們必須上進。只要一停頓，內在就會升起許多壓力。

「天哪！你不要這麼懶散好不好？你這樣真的太廢了！你還可以做什麼啊？」

「你怎麼這樣就放棄了，積極努力一點好不好！」

「你真是太軟弱了，這樣一點事情就被打擊，真的是太丟臉了。」

「你動作快一點，你要趕不上別人了，就要輸了，怎麼可以輸咧？」

這個內在大人的聲音是一種勉強發出的動機，來自於外在社會價值觀的壓力。這些壓力落在父母身上，也會落在孩子身上，成為孩子心裡督促自己的內在大人。

然而，我們往往在長期的壓力與忙亂中，茫然地過著生活。因為害怕失去也害怕落後，而不斷向前奔跑，所以這個聲音其實是透過「恐懼」與「羞恥」驅動著我們前進。

但這些聲音之所以一直存在，其實有其意義和功能。有些人會說：「如果沒有這些聲音的存在，我會更沒有動力去做任何事，我就不是現在這樣了。」

的確，這就是**這個內在大人最重要的功能**——**「維持社經地位」**，不斷向前努力，幫助你維持在某一個標準，讓他不會被瞧不起，卻也不會讓你太開心。因為，很多時候你會感覺自己是在趕鴨子上架。

有一句話我很喜歡：「我希望，每一天叫醒我的是我的夢想，而不是我的鬧鐘。」

雖然這句話很浪漫，但試想，當你清楚知道自己的夢想以及渴望前行的方向時，就會擁有「內在趨力」，不需要透過外在的鞭策去要求你做事。因為，你可以從做事中獲得喜悅和成就。

可是，當我們被「恐懼」與「羞恥」占據時，不會有人真正關心你的夢想、你的天賦或者你是誰，而是我們被驅動向前奔跑，要達標，好好地生存下來，這樣就對了。

2. 製造罪惡感且情緒勒索的內在大人

在華人特別講求孝順的文化中，這類型的內在大人廣泛存在著，限制我們的自由意志，要我們總是為他人著想，因此阻止我們根據自己的意識或感受來行事。

「就算媽媽再這麼嘮叨，你也不能用這個方式跟他說話啊！」

「你怎麼可以不回家吃飯？這樣他老人家怎麼辦？」

「你不幫他忙會不會太鐵石心腸了，他這樣忙得過來嗎？」

「如果你不回家過節，他們會生氣的，這樣也太不孝順了！別人會怎麼講你？」

這個內在大人代表著極高的道德標準，以孝順、和諧待人、為人著想的視框，驅動我們去做許多違背心意的事。

可是，在講究群體生活的東方文化，依他人心意做事自然帶來群體生活的許多好處。所以，內在大人的人格裡，會自然忽略我們真實的渴望與需求，承受他人情感威脅，達成他人要求我們做的事，以避免被冠上「難相處」、「自私」等沈重的頭銜。

這個聲音是透過「罪惡感」讓我們無法做自己，其實我們背負著很多的是人情與禮尚往來的枷鎖，甚至背負著父母恩重如山的觀念，而將自己跟他人或跟父母視為「一體」無法被切割，也無法獨立，卻也無法忽視內心一直呼喚著自由與獨立的渴望，形成想與他人親近，卻倍感痛苦的矛盾。

但即便這麼痛苦，還是很多人受制於情感的威脅，**不外乎是這個內在大人最在意的事：「維繫關係」以及「獲得認同」**。

在我們的群體文化中，要擁有自由，某個程度上需要去違抗他人給予的指令，或者違背他人心意；要做自己，就需要有足夠的勇氣在他人不認可自己的時候，你依舊懂得自己的價值。

不過，在兒時經常被否定的孩子身上，他們對自身價值的肯定太少，所以需要從他人來尋求認可，就更畏懼不符合他人心意時，所帶來的關係危機感。這就是這個內在大人如此強壯，具有影響力且難以擺脫的原因。

3. 製造無助感且否定與懷疑的內在大人

安穩舒適一直都是人們渴望的生活狀態，尤其在馬斯洛（Maslow）需求理論中，生理與物質的安全，是人們生存的基本需求之一，當環境曾經經歷困頓與顛沛流離時，集體潛意識裡會讓許多人恐懼再次出現不安定的生活，因為害怕失去而開始需要鞏固和保護已有的生活安定感。

「你好好的工作不做，說要辭職去創業，是不是想不開？」

「什麼？你說你要去流浪？到底是哪根筋不對啊？」

「你一個人去國外可以嗎？有什麼世面好看的？家鄉有什麼不好？你英文夠好嗎？」

「也不想想你一介弱女子，隻身在外遇到危險怎麼辦？」

無望（Hopeless）與無助感（Helpless），是這個內在大人最擅長製造的心境。一開始來自保護性的否定和懷疑，到習慣性的否定和懷疑，讓人在面對新事物和挑戰時，會在心中覺得有千百種不可行的理由。所以**這個內在大人的功能在於——避免受傷也避免失敗**，但也相對讓人停留在舒適圈，不會失去在舒適圈裡的安全感，無法探索與拓展生命，並自我設限，卻因為讓人持續留在熟悉的圈子裡，在某個程度上帶來生命的安全感。

我想，從某方面來看，這就體現了「小確幸」的觀念。因為大確幸需要冒險，也需要跳出舒適圈體驗。而當這麼多的聲音告訴我們留在原地很好時，我們內在的鬱悶，也就只能靠小確幸來安撫了。

還記得，當年我決定要去印度旅行時，就遇到內在激烈的衝突：「你的英文夠好嗎？」、「印度是強暴大國耶！如果你被攻擊了，你可以一打幾啊？」、「你一個人行嗎？」

接著，我慌亂焦慮地在網路上尋找旅伴，但遍尋不著，暗自想著：「也許這趟旅程就是要我誠實面對心中這些聲音還有恐懼了。」而我萬萬沒想到的，是當我安撫內心的恐懼，正視心中的焦慮感後，心裡這些內在大人的否定感也就一一破除了。

回到台灣後，友人晚上九點多送我到車站，叮嚀我說：「小心安全啊，很晚了！到家後傳個訊息給我。」

我笑了笑告訴他：「我凌晨三點到過印度的車站，還睡在那裡，你說呢？」而他總是會心一笑。

的確，當外在環境不穩定時，這個內在大人會有效幫助我們守護安全。但當環境穩定，這個聲音就成為枷鎖，使你僵化，覺得「自己永遠不可能」或是「我不可以去」這般畫地自限。

當然，我們在生活中都會遇到很喜歡如此自我安慰的人：「我要是去競選，你現在就是市長夫人了」或者，「要不是我當年沒錢考試，否則早就是教授了」……等等，卻沒有正視心中的畏懼和焦慮。

這股否定的聲音通常會反覆播放，直到你深信不疑，也因此造就當我們無法做自己真正想做的事情時，就會有很多藉口，卻又無可奈何。

面對內在大人時

要擺脫內在大人對我們的影響，有幾個很重要的步驟，讓我們在心裡分辨出外在社會價值觀的影響，以及長期父母教養，甚至是過往創傷經驗帶給我們深刻的印痕，都需要去區分開來，並且帶著覺知去聽見聲音，而非一味相信。

1. 辨認與標記聲音

在我們視覺化內在大人以及為其命名時，就是在強化我們辨認他們的聲音。而「命名」更能幫助我們標記出他們的聲音，所以在A男的例子中，當他聽到「你還沒準備好」懷疑的聲音，與「一定是你做不好」譴責的聲音，就可以辨識出這是「成功教官」的聲音，然後開始展開內在的對話。

2. 把「我」與聲音分開

起初，我們會像A男一樣，認為都是「我」沒做好才會如此。但當我們現在練習將「我」分開，意味著，是「成功教官」認為我沒做好才會導致這樣的結果。而成功教官就是那個批評指責我們的「內在大人」，並不是完整的「我」。如果我們不想成為成功教官，就不需要一直聽令於他。

其實，我們有「內在大人」、「內在小孩」，同時也有「自我」。很多人會對內在擁有這麼多聲音感到困惑不已，但事實就是如此。何以我們經常感覺自己分裂，而導致內心不平靜（如左圖所示）。

所謂的自我，**其實是我們可以在知曉一切後，能夠做出選擇與調節的意識**。「自我」可以去聽見內在大人的聲音，也可以聽見內在小孩的聲音，進而

調節他們。

心理學大師佛洛伊德（Freud）所提出的「超我」概念，就類似「內在大人」的聲音，充滿了道德與社會價值的期許；而「本我」的概念，就類似「內在小孩」的聲音，充滿本能與原始的狀態；自我則具有現實感以及邏輯性，調節「超我」與「本我」的衝突。

最簡單的例子就是：哥哥看到弟弟手上有棒棒糖，「本我」會想要滿足自己的口慾，就會衝動地把它搶過來吃，但「超我」會想到這麼做會被父母修理，就會嚴厲制止自己的行為。這時候，「自我」就會出來思考，可以如何安全地滿足自己的慾望：問弟弟要不要分一口？還是也跟父母要一根棒棒糖？

所以，如果我們的經驗都是「內在大人」發言，「自我」在沒有覺察中，就會等同於完全站在「內在

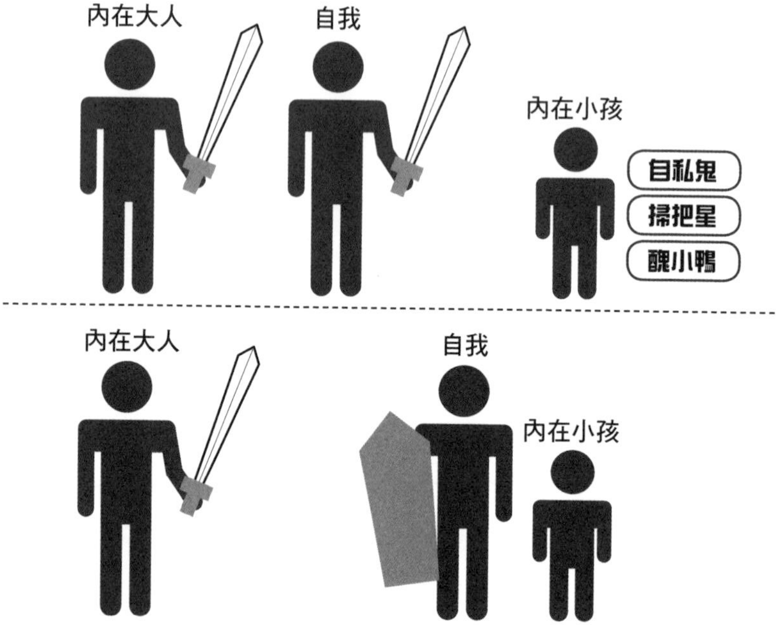

大人」那一側，跟著批評、否定「內在小孩」，導致「內在小孩」身上充滿各式各樣的標籤，也讓沈睡的「自我」深信自己就是這麼不光彩的人（如上半圖所示）。

而當「自我」逐漸甦醒與覺察，便可以開始選擇，究竟我們要相信「內在大人」的言語，還是開始去捍衛與保護所有來自外界的評論所帶來的影響力，保護「內在小孩」不受這些批評責難的聲音干擾，選擇去調節，而不是毫無選擇地接受，一手包辦所有難聽的標籤（如右圖下半所示）。

3. 擁抱內在小孩

很多時候我們都沒意識到，「內在大人」說的話都讓「內在小孩」受傷了，就如同早期我們聽見傷害我們的話那樣，反覆讓自己受傷。所以，我們可以深刻傾聽內在，問問「內在小孩」：「當你被說：『都是你沒做好這句話，心裡有什麼感覺？』」

而我們很可能聽到的是：「我感覺很受傷，而且很受挫，但我已經很努力了。其實，我希望有更多資源或更多建議，讓我更清楚知道怎麼做」。

若我們可以安靜地回到內在，覺醒的「自我」就能體會「內在小孩」的傷，停下「內在大人」的聲音，並停止傷痛，好好安撫內心的創口。往往當我們可以靠近內在小孩，並且安撫他之後，安定與安全的內在小孩，會讓我們更有勇氣和自信面對事情。

當傷痛被釋放與承接時，將有效地擴展我們內在空間，內在的整體感受就不會一直感覺無力、無助，而是感到釋然，充滿力量。

4. 同理回應內在大人

「內在大人」的聲音有時候根深柢固，他還有一個特徵是容易像跳針的留聲機，不斷重複播放相同的訊息。例如：「你看你，總是這麼懶惰！（重複播放……）」這時，我們可以透過前面所認識的內在大人樣貌來理解這句話，看到這句話的否定裡，有著鞭策驅趕的急促和焦躁。而我們要看見背後的意涵，開始回應內在大人。

你可以這麼說：「我知道你很擔心我用現在這個方式生活，會變得失敗（會過得不好），謝謝你的擔心。」

甚至，更深入一層，你可以說：「這些擔心跟憂慮是來自於爸爸吧？爸爸小時候貧困過，所以他相信必須得沒日沒夜地拚搏才可能生存。但現在不一樣了！」

接著，你可以尋求內在大人的肯定和認可：「請你相信我，我知道我在做什麼，請讓我用我的步調去做我想做的事」。

這部分的內在大人與內在小孩對話，我會在工作坊中透過角色扮演的方式，讓學員體驗自己內在豐富卻衝突的對話。

在對話中，很多人清楚感知到有許多的不確定性，不敢肯定自己能夠做到，也因此他們需要內在大人不斷督促他們。這也是為什麼他們在真正的父母眼中，總是長不大的孩子。也有很多人在對話中感受到強烈衝突。經過教導，他們其實理智上都知道內在大人的用意，但在心理上卻覺得「說出口」是極為困難的。**因為，這些話語是他們長年的痛苦、憤怒與掙扎**。而當遇到這樣的情形，則需要與內在小孩有更多的連結和對話。直到小孩安定下來之後，再讓自己與內在大人對話，才能以中性的眼光看待，同理回應對方。

更常見的方式是，由於內在大人所帶來的批評和否定，會讓許多演練的學員忍不住陷入爭辯與奮戰中，這會讓內在衝突陷入無限循環裡，反而消耗自己的心力，因此覺醒的自我需要有意識地看見循環，讓自己停下來，並對內在大人送出理解與感謝，接著再離開對話。

透過覺醒的自我帶著對內在小孩的安撫與肯定，去做自己想做的事。

當然你們一定會問，那我不再聽內在大人的聲音了，接下來要怎麼做？我覺醒的自我就可以決定一切了嗎？我真的可以去做任何我想做的事嗎？

在下一篇，我將帶著大家轉化自己的內在大人，找到自己心中堅定且溫和的聲音。

轉化內在大人

給舊的內在大人的一封信

與內在大人對話後，如果已經下定決心，希望自己不再受其影響，也可透過書寫的方式來好好梳理自己對內在大人的感受，並將整體感受打包，與之告別。這都是當中的過程，一次次地提醒自己，我們有這個內在大人的存在。我們終究有辦法活出自己的道路，有選擇權不再聽令於他，並且能夠找出對自己善良溫和的話語來對待自己。

我會鼓勵學員撰寫一封信給原本的內在大人，當成是一種誓言來開啟我們覺知的內在歷程。

書寫時，可以讓自己帶到幾個面向，一樣是從對內在大人的理解與內在小孩的傷痛著手，以及最後覺醒的自我希望開始為生命負責的承諾，以下幾句是可用在信裡的片段：「內在大人說這些話是什麼目的呢？」、「我終於瞭解原因了……」、「這些話對內在小孩的影響……」、「謝謝！接下來我會……」。

同樣地，在此有A男與B女的例子提供給大家作為參考：

給舊的內在大人一封信——A男

你為什麼對我說這些話呢？我想，你想要滿足父母之外，也希望被人看見、讚美認同、稱讚，讓你覺得有存在感和價值。其實，你很孤單、害怕、想要被疼愛。我能理解你的感受，你不願意像小學三、四年級那樣，在學校被忽視、輕視著，真的很難過且辛苦。但你説我很不開心，每天活在緊繃的壓力下，對人、對事都是如此，放鬆的時候也是在想著成功與考量許多事，這樣的人生真的很累、很累。

謝謝你這二十八年來的照顧與叮嚀，但在未來人生中，我要快樂。你不需要他人或世界來定義成功或失敗。

我想要為自己而活，陪伴自己，讓自己開心，在這個世界去冒險，活在當下，接受當下的每一種情緒。我會永遠陪伴著自己，度過每一秒，告訴自己是最棒的，謝謝曾經的一切。我想，已經夠了，從今以後，我要用新的方式和生命往前進。

再見！那位我曾經的教官。

給舊的內在大人一封信——B女

謝謝你這些日子以來一直對我說的話。你會這麼說是擔心我會被拋下被丟棄，所以一直催促著我，努力工作、努力賺錢、努力滿足大家的需求，希望我不會被拋棄，這些我都知道了。這些話對我帶來好的，也帶來不好的。但現在我已經很棒，也很好，而且我會一直在這，陪伴著、保護著自己，不用再擔心了。

很多人寫完這封信後，會有種鬆開與療癒的感受。甚至，有人會在心裡達成和解。

很重要的一件事情在於，無論如何內在大人都是你人格的一部分，他是經年累月下來成為你的內在教條與規範，也是你過往依循的法則。即便他的存在令你受傷，仍舊需要被理解和尊重。

當我們有辦法對於讓我們受傷的部分也給出同理時，內心的平和會是讓自己感覺安全與穩定的極大力量。

打造新的內在大人

當你不再遵循舊有內在大人的聲音，便意味著你會需要新的遵循。這與情緒取向治療中的「內在運作模式」類似，我們需要看見舊有否定與批判等負面自我認知的內在模式，開始有新的迴路，創造新的自我對話內容，並逐漸創造新的自我認知，將總是負面、覺得不夠好的自己，調整為穩定且夠好的自己。這樣就能為自己帶來安全感。

以下有幾個面向能幫助你找到新的形象：

1. 想像五年或十年後，有更多生命歷練、更為成熟的自己，並且已經度過現在的徬徨和困擾階段；
2. 現實生活中，你所欣賞的形象，他可以是你尊敬的長輩、耀眼的明星或睿智的學者，有著某些讓你敬仰、欣賞的特質，或者能幫助你安定下來的力量；

3. 透過靜心的方式，讓自己安靜下來，沈著地專注在呼吸之間，邀請你內在心靈的老師（heart teacher）陪你坐著，一起冥想；

4. 藉由神性形象來陪伴自己。可以讓你倚靠的形象，也能是你的信仰。邀請你的神性形象在任何事情上與你進行更多的對話。

佛教裡有提到，真正讓人獲得保護（皈依）的並不是對佛像的膜拜，而是心中有佛。每一次我們對佛像的膜拜與祈求，其實都是向內膜拜與祈求我們內在的佛。

所謂「心中有佛」，其實就是以佛陀的思維方式行走在這個世間。而佛陀相信，每個人心中都有佛性、神性、悟性，需要我們去發掘並應用於生活中。

無論你是否有宗教信仰，就算為無神論者，也能透過外在形象的內化過程，幫助自己轉化對待自己與陪伴自己的方式。

我們遵循的許多教條也都是一種學習、練習進而內化的過程，所以當我們選定某個形象，就可藉由想像力和創造力來感受這個形象如何過日子，去思考他如何應對生活裡的事。最重要的是，我們需要去實踐他們的精神在生活裡：當每次覺得自己不夠好時、自怨自艾時、被批評與攻擊時、憤怒難過時，請想像新的形象會如何與自己對話。

我在與有憂鬱症的案主談話時，他告訴我，他凌晨三點無法睡覺，就一直重複看一段國外歌手的影片直到早上七點，覺得累壞了才去睡覺。

我問他：「你在那個過程中都對自己說些什麼？」

他回答：「我就跟自己說，你都已經生病了還不趕快去睡覺，讓自己有健康的作息，病才會好得快啊！怎麼這麼糟糕啊！根本就沒救了……結果，我還是一樣克制不了。我明明都知道這個歌手下一秒會做出什麼動作，因為我大概已經播放三、四十次，但還是無法停止。」

這個例子其實是內在小孩有個渴望和需求，卻一直被內在大人批評、拒絕與否定。而自我則猶疑在大人與小孩之間，無法做任何決定，因此一邊看著影片一邊內心交戰。到最後，也許內在小孩的需求是只需要看一、兩遍，卻由於交戰過程中受到的挫敗失控感，而不可收拾地看了三十多遍。

我們的經驗中多少有這樣的情境，有時只想吃兩口冰淇淋解解饞（小孩的需求），卻因為一邊吃一邊覺得罪惡感（大人在責備），又一邊憤怒覺得自己何必有罪惡感（小孩憤怒委屈），結果就吃了整桶冰淇淋。

我引用了台灣人常有的信仰——觀世音菩薩來跟我的案主對話，邀請他想像，當他一邊在看影片，感覺到菩薩翩翩的身影來到他身邊，菩薩會跟他說些什麼話？

他覺得有趣，也思考起來：「或許菩薩會跟我說：『累不累？是不是很想看影片？想不想我陪你看？』」他一邊說著，一邊覺得不可能，不可思議。但其實，這樣的內容正是他所期待的、理想母親的口吻，可他沒有過這樣的體驗。

很有可能在我們遍尋所有形象之後，我們真正在尋找的，就是心目中理想的父親與母親。而這是你真正的父母所無法達到的形象。最終，我們需要為自己打造理想父母，在我們心中永恆地陪伴自己。

成為自己穩固的後盾

「嗨寶貝~你真的很認真，認真做好每件事，又或者這是你所相信的，相信有需要的人自然會被吸引。而其實沒有關係的是，現階段我們就先做到這樣。因為你應該有發現，你一次次把事情做得更完善，而有些人是如此迫切，無法等待，可他們依舊可以為自己的人生找到方向和出路。

所以，寶貝，你不用擔心他們，你一直都在對的道路上，你一直把整體營運用得越來越完善。

有些事情我們無法符合每一個人的要求，只能一步步把它弄得完整。有很多人會覺得是為你好，卻沒看見你已經在做很多事。而且其實是更重要的事，那就是照顧好你自己啊，是不是？

我們不用為了那些不瞭解自己的人弄壞身體，也不用這麼用力地活著或盡全力去服務，還是需要為自己的生活找到平衡。

所以，寶貝，我們就好好玩，好好工作。當你越快樂，你會創造更多；當你不用擔心，當你免除於對這些評論、要求、結果的狀態心情起伏時，你會越自由，越充滿能量！

寶貝我好愛你，真的，我也心疼你有時候把自己壓榨得很累。

寶貝，我知道，我們都很想服務，讓我們一起專心一致，也一起面對我們被干擾的情緒，不用害怕未來，也不用害怕做得不夠，因為我們一直一步步在累積，一篇篇文章都在幫忙這個社會，但並不代表每個因文章而來的人，我們就一定要服務。把界限拉清楚，才有足夠的能量來永續服務。」

以上，是我在二〇一六年的某一天寫給自己的對話。那天的我感到非常挫敗，因為這一路以來，不管是在創業路上以及專業養成上，我都投入很大的心力，卻總是會在路上遇到俗稱的「奧客」。

在還沒使用我們的課程服務時，已經有百般的要求，並且不允許我們現階段的限制，包含時間、人力，甚至認為我寫這些文章，就理應幫助像他這樣求助的人，不該拒絕，縱使沒辦法做到，也要想辦法達成。

即使透過心理學，我很清楚這是他個人的議題，也是他的人際模式，認為所有人都應該滿足他，並且對於他人的拒絕有強烈的焦慮，因為這危及到他的自尊和價值，所以發動攻擊和批評。但我的心裡還是冒出了受傷的小女孩，那個努力認真卻又被否定的模樣。理智上身為創業者以及心理師，我很清楚我無法讓每個案主滿意，只能盡力。然而，面對衝突與質疑的那刻，我驚覺到自己的價值感仍被撼動，開始自我懷疑。

當晚的靜心，我讓自己安靜下來好好對話，深刻地接觸小女孩的委屈與難過，給出對自己的認可與支持，一次次讓自己知道，我們不需要尋求他人的認可，**我可以是自己最堅強的後盾，去理解支持、捍衛保護、陪伴且接納**。我是自己那雙堅定的大手，將小女孩從委屈的險境中抱離，並放在安全舒服的環境之中。

我們每個人都在人生的道路上前進，也許你已經知道你要去哪裡；也許你

還在迷惘，但無論如何，道路上總會出現各種挑戰，等著磨練你的心智、挑戰你的信念，也唯有不斷自我對話的過程，讓我們在挑戰中依舊保持心靈的穩定，才有可能在充滿挑戰的路途上，持之以恆地走下去。

當你開始實踐運用「內在大人」、「自我」與「內在小孩」的概念後，由於需要注意很多聲音，一開始你會感到疲憊與紛擾。但在持續練習後，將能夠成為三位一體的一致性狀態，你會感到心之所向、身之所往，內外在和諧一致的安寧和安心，不再容易被情緒所擾，也不容易被外界事物牽制，並且在充滿覺察與安定的狀態下，好好生活。

做自己最好的陪伴

找回安全感，讓你內在小孩
不害怕、不寂寞的療癒五堂課

作　　者　吳姵瑩
執行編輯　鄭智妮
行銷企劃　許凱鈞
版面設計　賴姵伶
封面設計　江孟達

發 行 人　王榮文
出版發行　遠流出版事業股份有限公司
地　　址　臺北市南昌路 2 段 81 號 6 樓
客服電話　02-2392-6899
傳　　真　02-2392-6658
郵　　撥　0189456-1
著作權顧問　蕭雄淋律師

2017 年 5 月 23 日　初版一刷
2018 年 6 月 26 日　初版四刷
定　　價　新臺幣 280 元（如有缺頁或破損，請寄回更換）

ISBN：978-957-32-7977-8
遠流博識網　http://www.ylib.com/
E-mail　ylib@ylib.com

國家圖書館出版品預行編目 (CIP) 資料

做自己最好的陪伴 / 吳姵瑩著 . -- 初版 . -- 臺北市 : 遠流 , 2017.05
面；　公分
ISBN 978-957-32-7977-8(平裝)
1. 心理治療 2. 安全感
178.8　　　106004647